As revoluções de Ferran Adrià

Manfred Weber-Lamberdière

As revoluções de Ferran Adrià

O chef de cozinha que transformou a culinária em arte

Posfácio de Ferran Adrià

Tradução de *Luciane Ferreira*

L&PM EDITORES

Título original: *Die Revolutionen des Ferran Adrià – Wie ein Katalane das Kochen zur Kunst machte*

Tradução: Luciane Ferreira
Capa: Rothfos & Gabler, Hamburgo, sobre foto de © Laif
Fotos: pgs. 1-6, 14 (acima) © Laif Agentur; pgs. 7-13 © el Bullihotel; pg. 14 (abaixo) © particular; pg. 15 © Focus Agentur e pg. 16 © Corbis Agency
Preparação: Jó Saldanha, Caroline Chang e Janine Mogendorff
Revisão: Marianne Scholze

CIP-Brasil. Catalogação-na-Fonte
Sindicato Nacional dos Editores de Livros, RJ

W382r

Weber-Lamberdière, Manfred, 1965-
As revoluções de Ferran Adrià: o chef de cozinha que transformou a culinária em arte / Manfred Weber-Lamberdière; posfácio Ferran Adrià; tradução Luciane Ferreira. – Porto Alegre, RS : L&PM, 2008.
208p. : il.

Tradução de: *Die Revolutionen des Ferran Adrià – Wie ein Katalane das Kochen zur Kunst machte*
Inclui bibliografia
ISBN 978-85-254-1792-3

1. Adrià, Ferran, 1962-. 2. Cozinheiros - Espanha - Biografia. 3. Gastronomia - História. I. Título.

08-3496. CDD: 926.415
CDU: 929:641.5

Originalmente publicado pela Bloomsbury Berlin.

Rua Comendador Coruja 314, loja 9 – Floresta – 90220-180
Porto Alegre – RS – Brasil / Fone: 51.32255777 – Fax: 51.32215380

PEDIDOS & DEPTO. COMERCIAL: vendas@lpm.com.br
FALE CONOSCO: info@lpm.com.br
www.lpm.com.br

Impresso no Brasil
Primavera de 2008

"Cada inovação parece a perversão de uma primeira perfeição."

AUGUSTE ESCOFFIER, 1898

"Estamos à procura do novo, do inusitado. O resto não nos interessa."

FERRAN ADRIÀ, 1994

Sumário

Paris-Roses-Paris

Uma entrevista de repercussão

Eu tinha lido tudo, as histórias sobre o "espanhol maluco" e o seu arroz caramelizado de chouriço, o sorvete de roquefort e o ar de tangerina como prato principal. Quando percorri pela primeira vez os sete quilômetros da poeirenta estrada de chão batido que vai de Roses até o restaurante El Bulli, de Ferran Adrià, em Cala Montjoi, uma baía retirada na Costa Brava ao norte de Barcelona, não esperava muito da minha visita, além de fazer a entrevista e de passar algumas horas agradáveis sob o sol espanhol – ao menos, não esperava nenhuma descoberta surpreendente.

Encontrei-me com Ferran Adrià, um homem da minha idade, de pouco mais de quarenta anos, no pátio do restaurante e experimentei a sensação de estar no Jardim do Éden. Sem muitos rodeios, dei início à entrevista, para a qual eu havia me preparado devorando uma pilha de artigos sobre ele. Achava que estava relativamente bem informado sobre o revolucionário da culinária que o jornal espanhol *El País* havia consagrado como "o melhor cozinheiro do mundo" e que o *New York Times* tinha eleito como o criador da "Nueva nouvelle cuisine" (observe-se que a palavra espanhola *nueva* é colocada antes da francesa *nouvelle*). Quanto mais durava a conversa (e a conversa foi longe), mais claro ficava para mim que até então eu nada havia entendido do universo El Bulli, da essência da cozinha El Bulli que Adrià resume em uma só palavra: felicidade. Felicidade? No final da conversa de três horas, constatei que não havíamos falado nem sobre ingredientes, nem sobre tempo de cozimento, mas apenas sobre uma idéia, sobre um ousado e palpável sonho de felicidade: tratava-se não de uma história sobre comidas, mas muito mais de uma lição sobre a alegria de viver.

A história de Adrià é quase perfeita demais para ser verdade: de lavador de pratos a milionário, estrela de projeção mundial sem formação na área e sem afetação, *workaholic* disciplinado que, além de tudo, é uma pessoa sincera. Acrescente-se a isso o fato de Adrià sequer ter tido a intenção de ir parar neste filme de sucesso. Foi necessária toda uma série de felizes acasos para que em 2003 ele fosse eleito "o melhor chef do mundo". Claro que tal denominação é uma bobagem (ainda que nós, jornalistas, adoremos esse superlativo), da mesma maneira que não se pode falar em melhor ator ou pintor. Contudo, além do elogio dos jornalistas, há no excepcional renome de Ferran Adrià uma característica muito eloqüente: ele é festejado por outros cozinheiros, especialmente por aqueles que já estiveram se aperfeiçoando no El Bulli. Essa é a opinião de Uwe Opocensky, chef alemão baseado em Kuala Lumpur, Malásia, que assistiu às aulas de Adrià em 2006: "Só daqui a uns vinte ou trinta anos as coisas incríveis que Ferran criou receberão o reconhecimento geral. Também com referência a sua cozinha, haverá um antes e um depois do El Bulli".

"Por que as pessoas iriam se interessar por comida, e sobretudo por comida absurdamente cara?", quis saber um colega alemão quando lhe falei do projeto para este livro. "Por que as pessoas se interessam por ópera ou teatro?", revidei. "O fato de ambos serem *hobbies* caros não os desqualifica." A palavra "cultura" (do latim *cultura*) tem a sua origem na fabricação de alimentos, na agricultura (*colere* = cultivar). Porém, longe da teoria da arte, neste livro serão abordados fenômenos reais bem cotidianos: o fato de os alemães comerem para sobreviver e de os franceses viverem para comer; por que a atual vanguarda culinária espanhola é tão boa quanto a francesa?; o que é mesmo essa alta gastronomia que está em constante evolução?

A cultura culinária de um país é, como tudo que é cheio de vida, um *work in progress.* À exceção da França, a Alemanha é o país que tem o maior número de restaurantes com estrelas do guia Michelin. Até mesmo no quesito de produção de vinho, a Alemanha está pouco a pouco voltando ao grupo dos melhores do mundo. Antes da Segunda Guerra Mundial, o Riesling alemão já era considerado internacionalmente o melhor.

Pois a Alemanha não tem nem a cozinha cotidiana de primeira de toda a Itália, nem um grande grupo de cozinheiros de vanguarda como a Espanha. Só nos anos 1980 a Alemanha conseguiu entrar no primeiro time do universo Michelin, com Eckart Witzigmann*, enquanto a França já dominava o mundo da culinária há trezentos anos. Pode ser que isso se deva ao clima mediterrâneo, ao catolicismo, historicamente mais aberto aos cinco sentidos do que o protestantismo, ou à falta de uma corte centralizadora na Alemanha. E eis que um Ferran Adrià desponta e conquista o Grande Prêmio da gastronomia. Entretanto, na categoria equipe, os franceses ganham sempre.

O fato de a França ser um país abençoado pela natureza não explica tudo. A cozinha francesa ainda tem algo mais que poderia se chamar de o "desejo da ostentação". Assim, em 2006 o governo francês entrou com um pedido oficial junto à UNESCO para que "a cozinha francesa seja incluída na lista de Patrimônio Cultural da Humanidade". A decisão é aguardada para breve. A *cuisine française* estaria então classificada nessa lista lado a lado com as catedrais de Colônia e de Notre-Dame. A Torre Eiffel nunca conseguiu ser incluída.

---

* Chef austríaco radicado na Alemanha que tem três estrelas do Michelin. (N.T.)

Na França, no período que antecede o Natal, são veiculadas propagandas de rádio de organizações beneficentes que pedem doações "para que os sem-teto também possam comer o seu *foie gras* de Natal". Fígado de ganso é um prazer caríssimo – mas o que tem que ser, será! Certa vez, uma delegação francesa chegou a solicitar ao Vaticano que repensasse um dos sete pecados capitais da Bíblia, a gula. (Aqui cabe lembrar que a palavra francesa *gourmandise*, ao ser utilizada como verbo, isto é, *gourmandiser*, também significa provar, experimentar, degustar – e não se pode estar falando sério ao tentar proibir isso!) A solicitação recebeu pouca – para não dizer nenhuma – atenção.

Seria esta "cozinha francesa paralisada pela vaidade", conforme publicou o *New York Times* em 2003, que Ferran Adrià estaria agora derrotando, em uma espécie de cruzada de um homem só? E, ainda por cima, com um dos menus três estrelas mais baratos do mundo: 160 euros por um menu degustação, enquanto, por exemplo, o francês Marc Veyrat* cobra até 385 euros. Isso tudo apesar de Adrià ter sido convidado como cozinheiro e artista para a 12ª edição da Documenta de Kassel, a mais importante exposição de arte contemporânea do mundo. Já que só um em cada mil interessados consegue uma mesa no El Bulli, o restaurante ficaria lotado anos a fio somente com gourmets de Nova York. Síndrome da Cruz Vermelha? Consciência social? Somente no meu quarto encontro com Adrià consegui descobrir a razão, que é bem simples: "Se o cozinheiro três estrelas mais antigo da Espanha cobra menos de 200 euros, então não podemos cobrar mais. Isso não se faz."

---

* Chef de cozinha francês três estrelas, especialista em gastronomia molecular. (N.T.)

Um jantar no El Bulli

Cala Montjoi, Roses, Catalunha, 2004

Quem tem a rara felicidade de conseguir uma reserva no El Bulli tem de, antes de mais nada, deixar de lado uma série de idéias pré-concebidas sobre comida. Então, mas só então, estará preparado para um espetáculo dos sentidos, cheio de inquietações, felicidade, sutis nuances e harmonias dramáticas – às vezes também com um toque de tragédia.

No terraço com vista para a paradisíaca baía de Cala Montjoi, vinte garçons celebram a *ouverture* dos cerca de trinta pratos que aguardam os quarenta e cinco convidados que nas próximas quatro horas viverão uma verdadeira aventura. O início já promete: em vez do aguardado aperitivo, chega à mesa uma esfera com uma antena cravada no meio. Após um exame mais detalhado, o OVNI se revela uma bola de gelo do tamanho de um punho fechado e derretida por dentro. A antena é uma fava de baunilha em formato de canudinho – para tomar a água – que se encontra no centro da surpresa em forma de esfera. O sabor é tão bom quanto a aparência, como se fosse uma tempestade polar com uma pitada de baunilha. Conforme eu ficaria sabendo mais tarde, também no caso dessa criação Adrià nada relegou ao acaso. Trata-se de gelo de Voss, um lugarejo isolado na Noruega, que tem "um conteúdo de sal mineral muito baixo", informou o maître. "O gelo mais leve e puro que pudemos encontrar."

Como em uma coreografia ensaiada, os garçons dançam em volta dos 45 clientes, fornecendo instruções *en passant.* Pois um prato simples como o gaspacho – uma sopa fria de verduras que é um clássico da culinária espanhola quase tão antigo como o próprio verão do país – fica quase irreconhecível. No meu prato empilha-se uma bizarra formação montanhosa feita de lascas de pepino, tomates cortados e carne secada a vácuo. Só falta a água, ingrediente que costumamos encontrar em uma sopa. "Por favor, coloquem os pedacinhos aos poucos na boca, um após o outro. Isso é importante!", solicita o garçom.

"Um cardápio é como um filme, com um início e um fim, e no meio tem que acontecer algo: talvez alguém cometa suicídio, os pais se divorciem, há várias possibilidades. E não posso esperar que as pessoas vejam o mesmo filme de novo um ano depois", diz Adrià.

O chef de 45 anos com olhos vivos e voz grossa, que gosta de usar calças de linho amarrotadas e camisetas amplas, tem o entusiasmo de um menino e a inclinação para a aventura de um alpinista. Dono de mãos ágeis, ao falar parece fisgar as palavras no ar. A fome de viver de Adrià é contagiante. Especialmente quando fala sobre a sua busca pelo novo, pelo inusitado, pela próxima revolução na panela.

Como próxima surpresa, está à minha frente uma pinça futurista ao lado de uma noz de cor um pouco desmaiada sobre a qual há um pingo perdido que parece maionese. *É* maionese: maionese de nozes que prolonga quase infinitamente o sabor delicado e o aroma quase frágil da noz. "Persistência", *longeur en bouche* em francês – assim designariam os franceses as notas contínuas do paladar se estivéssemos falando de um *sauternes** de safra antiga.

Para Adrià, cada prato é uma obra de arte, um original que pode ser aperfeiçoado até o último segundo. E a cada ano

---

* Vinho branco licoroso, originário de Sauternes, na França. (N.T.)

ele renova completamente o seu cardápio, assim como um estilista lança uma nova coleção de roupas a cada estação. Este princípio da inovação permanente ele adotou de forma mais radical do que qualquer outro cozinheiro. Os pratos que resultam desse processo são nada mais nada menos que o *state of art* da cozinha de vanguarda.

O meu garçom, que se apresentou como David, me serviu uma caixa de isopor em cuja tampa estava escrito "Bulliaire". Duvido que se trate da caixinha que os americanos usam para levar as sobras de comida do restaurante. Tiro a tampa e vejo... espuma congelada... "Você pode espalhar por cima o müsli que está nesse saquinho plástico", instruiu David, com um sorrisinho nos lábios. Para provar a leve massa branca, surge, pela primeira vez, uma colherinha de plástico tipo de sorveteria. Com a primeira colherada, a boca se enche de um gosto muito suave, mas também muito familiar. Trata-se de "ar congelado de parmesão com müsli". E o sabor do prato é exatamente este. A famosa "múmia" de Adrià propõe um similar caos dos sentidos: trata-se de um espinhaço de peixe, frito e envolto em algodão-doce. As espinhas são crocantes e salgadas, o algodão doce é fibroso e adocicado. Meu Deus!

Os pratos de Adrià são um convite para que a pessoa se concentre totalmente na consistência, na textura e no sabor do prato, para que reflita sobre a experiência ou simplesmente sorria devido à surpresa, às vezes devido à alegria. "A situação inusitada em que consumimos os alimentos ou a forma como o fazemos alteram a nossa percepção", fico sabendo. "Enfim, há somente quatro sabores básicos: amargo, salgado, doce, azedo. Partindo dessa premissa, tudo é possível."

Como qualquer inventor, ao quebrar tabus Adrià também questiona, com uma alegria de larápio, coisas aparentemente normais e rotineiras: por que o sorvete sempre tem que ser doce? Por que não se pode comer cactos? Será que o ravióli sempre tem que ser feito de farinha?

A cada primavera, Adrià pega os seus clientes pela mão e os conduz através da sua obra mais recente como quem passeia por um salão de espelhos. Não existe um cardápio, come-se o que vem à mesa. É preciso ter uma confiança cega nele, senão não se usufrui plenamente da obra de arte.

Isso aconteceu comigo no prato seguinte, que tinha o nome um pouco inquietante de "Mastix +60/ colher -20". Na verdade, a pessoa fica literalmente com calor e com frio, pois a colher é resfriada em nitrogênio líquido a 20ºC negativos e a gelatina Mastix está em um copinho, aquecida a uma temperatura de no mínimo 60ºC. Até que a gelatina chegue à boca na colher gelada, a sua temperatura é de pelo menos 30ºC. Uma viagem de montanha-russa para o tato e o paladar.

Adrià também desconstrói os sabores dos ingredientes de pratos regionais para depois combiná-los novamente de uma maneira incrível. Em 2004, ele inventou a sua famosa sopa de azeite de oliva: uma homenagem à Espanha andaluza e suas influências árabes. Quando se serve essa sopa no El Bulli, primeiro um garçom aparece junto à mesa, com um balão cheio de ar. O garçom então pega uma tesoura, corta o nó do balão e libera sobre a mesa o ar nele contido. Um aroma de flor-de-laranjeira, que invade a paisagem andaluza na época da colheita da laranja, nos transpõe para o mundo árabe das sensações. A sopa, na qual estão mergulhados pequeninos pedaços de uma laranja siciliana, não tem gosto de gordura, apesar do azeite de oliva, e é bem leve.

Embora muitas das idéias de Adrià – por exemplo, as suas criações com espuma – no início fossem consideradas um escândalo por alguns críticos, com o passar do tempo elas viraram rotina em milhares de restaurantes ao redor do mundo. Freqüentemente, o mero nome da criação já provocava um choque nos puristas, como o sorvete de roquefort ou o arroz caramelizado de chouriço. De fato, Adrià destaca em seu sorvete a essência do queijo roquefort e liberta o chouriço do excesso de gordura, conferindo-lhe verdadeiro sabor.

Fazer sorvete usando roquefort não requer nenhuma habilidade especial. Muitos cozinheiros já experimentaram com sucesso algo semelhante. A habilidade consiste exatamente em combinar coisas a fim de se obter uma qualidade nova, inusitada, que faça pensar.

Após cerca de 28 pratos, passamos para a primeira sobremesa. Finalmente, algo que acreditamos conhecer desde criança: sopa de letrinhas. Só que, nesse caso, as letras – grandes – já estão engenhosamente ordenadas: S O U P. E as letras tampouco são de massa, mas de merengue de morango... Em um único bocado, às vezes Adrià concentra entrada, prato principal e sobremesa. Ou então ele faz experiências com bebidas que, tal como uma lagoa no verão, são mornas na superfície e geladíssimas no fundo.

Nem mesmo os inspetores extremamente conservadores da bíblia parisiense dos gourmets, o guia Michelin, podem deixar de reverenciar o mago catalão. Desde 1997, ano após ano eles têm concedido a Adrià as cobiçadas três estrelas, deste modo permitindo-lhe acesso ao olimpo dos chefs de cozinha. Entretanto, a pesquisa sistemática de Adrià em busca de novos universos de sabores demanda tempo, muito tempo. Até que os pratos do novo cardápio anual sejam definidos, a equipe de Adrià descarta cinco mil possibilidades. Por isso, desde 1999 ele faz algo que nenhum outro chef de cozinha do mundo jamais ousou fazer: Adrià fecha o restaurante El Bulli de outubro a março.

Nessa época do ano, ele voa para os mais remotos cantos do mundo a fim de aprender sobre outras culinárias para então, com o novo saber adquirido, experimentar. Porém, ele não faz as suas experiências na cozinha do restaurante El Bulli, mas no laboratório de alta tecnologia intitulado El Bulli-Taller,* localizado na parte antiga de Barcelona, a poucos passos da veia pulsante Las Ramblas e bem pertinho do La Boquería, provavelmente o mercado mais sortido de toda a Espanha. É no El Bulli-Taller que são guardados os diários, o arquivo mais completo das criações de Adrià, que seguem uma regra bem simples: "Inventamos coisas. O resto não nos interessa". A sua coleção enciclopédica organizada cronologicamente inclui mais de quatro mil páginas contendo sessenta mil fotos.

O restaurante El Bulli é um refúgio de conforto. Discreto, tem a atmosfera de uma *finca*** espanhola, bastante diferente do ambiente de uma cozinha hipermoderna. Adrià está todas as noites na cozinha. Considera isso natural, já que ele e sua equipe constantemente aperfeiçoam os pratos do cardápio. Diferentemente, por exemplo, do famoso chef francês Alain Ducasse, o único chef de cozinha que tem nove estrelas por três dos melhores restaurantes da França, mas raramente aparece na cozinha de algum deles.

Chega ao fim a esfuziante festa dos sentidos. As luzes se apagam no El Bulli. De cada cliente que deixa a casa, Adrià se despede com um aperto de mão e algumas palavras amigas.

Quando ficamos a sós, nos sentamos no pátio ainda por um tempo, sob o céu estrelado. Uma brisa suave faz chegar aos nossos ouvidos o barulho das ondas. Adrià gosta de descansar aqui depois do trabalho. Não há nenhum outro lugar em que ele sinta tanto prazer em estar. El Bulli é um mundo único e maravilhoso que se recria a cada dia. Por isso mesmo Adrià não vê nenhum sentido em abrir restaurantes no exterior, como fazem tantos de seus colegas. "Só posso ser feliz aqui", fala ao se despedir. "Se eu não for feliz, não posso fazer os meus clientes felizes. Se este lugar não existisse, eu não seria quem sou."

---

* *Taller* significa oficina em espanhol. (N.T.)

** Fazenda em espanhol. (N.T.)

Uma série de felizes coincidências

Tomates, Barça e *movida* – uma juventude na Catalunha

L'Hospitalet, Catalunha

Fernando Adrià Acosta nasceu em 14 de maio de 1962 no bairro operário de Eulália, na cidade catalã de L'Hospitalet. Foi um parto sem problemas, ninguém lembra de nada fora do normal. Magoara os pais o fato de não poderem batizar o primogênito com o nome de Ferran, a versão catalã de Fernando. Na Espanha do ditador Francisco Franco, essa era uma provocação que eles preferiram evitar. "Se és espanhol, falas espanhol", rezava o ditado. Em público, só se podia falar a "língua cristã", ou seja, o castelhano. Até mesmo os jornais só eram publicados em espanhol. Isso era um duro golpe para os orgulhosos catalães, que há séculos tentavam fugir do jugo dos madrilenhos. Naquela época, eles tinham que se reunir às escondidas para beber a sua *cerveza* ou o seu *vino* do Penedés, ocasião em que cantavam em catalão, dançavam e amaldiçoavam os tiranos de Madri.

Em L'Hospitalet, não se dançavam somente danças catalãs, mas também peruanas e marroquinas. Pois a cidade industrial e sem atrativos, situada quarenta quilômetros ao sudoeste de Barcelona, era o eldorado dos imigrantes vindos das Américas e também dos moradores oriundos das regiões pobres da Espanha, como a Andaluzia. O número de habitantes que encontrava emprego nas indústrias siderúrgica, têxtil e química naquela época de acelerada expansão triplicou durante a infância de Adrià. A economia estava em franco crescimento na

Catalunha, enquanto o resto do país vivia uma recessão. Quem tinha emprego e não se opunha abertamente ao regime – por exemplo, falando catalão ou basco, fundando um partido ou querendo encenar peças de teatro proibidas – podia viver relativamente bem.

O assunto mais importante dos homens de L'Hospitalet – e também de Adrià – era sem dúvida o FC Barcelona, apelidado de Barça. O clube de futebol, cujo slogan é "Mais do que um clube", significava para os catalães a resistência contra o ditador em Madri. Na cidade operária de L'Hospitalet, o clube representava a crença ferrenha em um futuro melhor.

No ano em que Adrià nasceu, os espanhóis tinham ainda uma outra esperança: a seleção espanhola de futebol. Finalmente, eles veiculariam para todo o mundo uma imagem positiva da Espanha, finalmente chamariam atenção em vez de ouvir o vergonhoso silêncio cada vez que a ditadura de Franco vinha à baila. Entretanto, para tal, a seleção espanhola teria que aguardar até a Copa do Mundo de 1966, na Inglaterra, já que na Copa do Mundo de 1962, no Chile, a rubra seleção real se despediria do torneio na primeira fase, em penúltimo lugar.

O pai de Ferran, Ginés Adrià, nascido em 1937, era pintor de paredes. Diariamente, escalava andaimes de quarenta metros de altura e pintava casas e fachadas de fábricas. "Claro que não era o emprego dos nossos sonhos, mas quando à noite olhávamos à nossa volta e víamos as paredes pintadas, sentíamos orgulho de poder dizer que havíamos feito aquilo com as nossas próprias mãos." Nos melhores anos, ele ganhava por dia tanto quanto outros em uma semana. Porém, quando a política econômica protecionista de Franco estrangulou o pequeno milagre econômico de L'Hospitalet no início dos anos 60, não restou a Don Ginés outra alternativa senão – como outro meio milhão de espanhóis – emigrar para a Alemanha. Um dos seus empregos foi na fábrica da Volkswagen em Wolfsburg, onde trabalhou na linha de montagem do fusca. Ele admirava a precisão e a diligência dos alemães, mas raramente conversava com eles. Os espanhóis não se misturavam, e Ginés – como a maioria deles – não falava alemão. Ele permaneceu dois anos na *Alemanya*, retornando depois para L'Hospitalet.

Não demoraria muito até o Sr. Ginés ter que alimentar dois filhos. Em 1970, nascia o irmão de Ferran, Albert. Cerca de quarenta anos depois, quando Ginés ajudou o filho Albert, que se dedicava a cuidar de Silvia, sua esposa, então grávida, ele percebeu como os tempos haviam mudado radicalmente na Espanha. Ele nunca encontrara tempo para contar histórias a seus filhos antes de dormir, o que hoje lamenta. Naquele tempo, isso não era coisa de homem. Para Ginés, educação significava em primeiro lugar dar bom exemplo – e, como patriarca da família, o pai de Ferran era bastante conservador para os padrões atuais. Um dos piores males que podiam ameaçar um casamento feliz era uma mulher que trabalhasse fora. Contudo, Ginés é menos dogmático quando se trata de outros assuntos. Apesar de ter fé, raramente vai à igreja. "Os padres falam sobre qualquer coisa, menos Deus", justificando assim o comportamento pouco convencional para um espanhol que se diz católico convicto. "E para ouvir qualquer coisa não preciso ir à missa." O pai também permitiu que seus filhos decidissem se queriam ou não ir à igreja de Santa Eulália.

Ginés e sua mulher, Josefa Acosta, mantinham uma pequena horta e pertenceram à primeira geração de operários espanhóis que se deram ao luxo de consumir carne pelo menos uma vez por semana. "Aos sábados, havia um bom presunto e diferentes tipos de queijo. No sábado, nosso pai colocava sobre a mesa um saco cheio de feijões para descascarmos. Além disso, havia azeitonas e alcaparras da horta, e bacalhau", conta Albert Adrià.

Josefa não cozinhava nada em especial, nem era muito ambiciosa na cozinha. A comida dela era tão despretensiosa quanto a de milhares de outras mulheres espanholas: sabores simples, porém marcantes, e quase nenhum molho. Ou seja, despretensiosa na medida certa. Por exemplo, ao bacalhau Josefa acrescentava tomates, cujo sabor adocicado dava à combinação um ótimo resultado. O ponto alto da semana era um bife com batatas fritas e salada de tomate. Tomates eram sagrados para Josefa, que seguia a tradição iniciada em Múrcia, região de onde a sua família era originária. Somente depois do passeio de domingo a família se dava ao luxo de ir a um restaurante simples, mas bom.

Ninguém da família jamais imaginou que Ferran e Albert um dia viriam a fazer história na culinária e que o Sr. Ginés concederia entrevistas. "As pessoas só enxergam o sucesso, mas ninguém entende que por trás disso tem muito, mas muito trabalho", declarou certa vez o pai das duas estrelas da cozinha a um jornal espanhol. Para Ginés, as criações dos filhos pertencem aos "pequenos prazeres da vida", e vindo dele isso é um grande elogio. Por causa do colesterol, infelizmente ele teve que abolir da sua dieta frutos do mar, gorduras e ovos. Apesar disso, foi ele quem mais protestou quando, ao ser trocado o cardápio do El Bulli, as codornas ao molho de soja foram excluídas.

Ferran Adrià era um aluno inteligente, mas não muito estudioso. Na puberdade, ele tinha preocupações mais importantes do que prestar atenção na escola. Ele aguardava ardentemente a noite de quinta. Era nesse dia da semana que começava *la movida*, a invasão dos jovens às discotecas e aos bares que só acabava na madrugada de domingo para segunda. Depois de Ferran concluir o décimo ano de estudos, seus pais o inscreveram em uma escola profissionalizante com ênfase em administração de empresas, devido à sua facilidade para aprender matemática. Porém, ele achou essa escola tão maçante que acabou abandonando os estudos um ano depois.

O jovem de dezessete anos estava mais interessado em festas, mulheres e discotecas. E por isso acabou sendo atraído pelo centro de todas as festas: Ibiza. As Ilhas Baleares gozavam a reputação de que a noite só começava realmente quando as mesas eram recolhidas das calçadas de Mallorca. Isso era bem do gosto de Ferran. Só havia um problema: ele não tinha dinheiro, e o Sr. Ginés não estava nem um pouco disposto a subvencionar as bobagens que passavam pela cabeça do filho mais velho. Ferran deveria conquistar a tão almejada liberdade com o fruto de seu próprio trabalho, no que Ginés teria o maior prazer em ajudar. Ele tinha um amigo que estava à procura de um lavador de pratos para o seu restaurante de praia, chamado Playafels e situado em Castelldelfels, dez quilômetros ao sul de Barcelona. Ferran aceitou o emprego de ajudante com indiferença, da mesma forma com que teria reagido frente a qualquer outro emprego. Poderia ter carregado pneus ou misturado argamassa. Contudo, justamente em Castelldelfels a vida de Adrià tomaria um rumo decisivo.

Um belo dia, ele encontrou na cozinha do Playafels um livro intitulado *El Práctico*. Tratava-se de uma edição espanhola do *Le Guide culinaire*, antologia de cinco mil receitas do francês Auguste Escoffier. Somente para o linguado, há na obra cinqüenta possibilidades de molhos; mais de cem variações de sobremesas à base de pêssego e 325 possibilidades diferentes de se preparar um frango. Isso deixou Ferran tão impressionado que ele adquiriu o hábito de folhear ocasionalmente o livro.

"Sempre que se quiser dar destaque à arte culinária, ela pode se desenvolver consideravelmente, pois tem a possibilidade de contribuir para a coisa mais bela que o homem recebeu de presente: a comida saborosa", leu Adrià na introdução. Aquele momento foi o começo de uma conversa – nada mais. "Eu apenas fiquei curioso, porque era um livro de alguém que obviamente compartilhava o mesmo destino que eu – o de trabalhar em uma cozinha. Mas isso não era motivo suficiente para eu começar a cozinhar", reiterou mais tarde.

Passados alguns meses, Ferran conseguiu juntar dinheiro e embarcou para Ibiza. Lá fez festa até ficar novamente de bolsos vazios e não lhe restar outra alternativa senão buscar outro trabalho. Desta vez, conseguiu uma vaga no Cala Leña, um restaurante pequeno e simples, situado no noroeste da ilha de Ibiza e que se esforçava para deixar os clientes satisfeitos.

Também nessa cozinha Adrià encontrou o calhamaço de oitocentas páginas *El Práctico*, de Auguste Escoffier. Às vezes, o chef do restaurante procurava alguma coisa no livro: por exemplo, o que cairia bem com um lombo de cordeiro mamão ou como preparar um molho a partir de uma cabeça de porco. Quando um belo dia o cozinheiro precisou de um ajudante, Ferran Adrià estava a postos para lhe assessorar, com a condição imposta por seu chefe de estudar diariamente um capítulo do *El Práctico*, cuja lição ele lhe tomava no dia seguinte, à exaustão. Uma tarefa nada fácil para o jovem catalão que certamente teria preferido sair para as festas à noite em vez de memorizar receitas ou compreender frases como: "Homens de negócio freqüentemente acham que o tempo que passam à mesa é mera perda de tempo. Independentemente de as pessoas acharem isso ruim ou não, quando o cliente pede algo deve-se fazer o que ele quer. Só não se deve mexer em uma coisa: na qualidade dos ingredientes".

Por isso, ao jovem de dezenove anos restava pouco tempo para as noitadas. Entretanto, quando Adrià foi convocado para prestar serviço militar em Cartagena, a maior base da Marinha na Espanha, esse conhecimento o ajudou a ser transferido para a cozinha, onde ele esperava não ter muito trabalho. Também na cozinha da caserna Adrià encontrou seu velho conhecido: Auguste Escoffier.

Auguste Escoffier – a primeira estrela da culinária moderna

Auguste Escoffier, nascido em 1846, conseguiu algo que a maioria dos cozinheiros não consegue: legou para a posteridade uma obra imortal. O seu monumental *Le Guide culinaire*, cuja primeira edição foi publicada em 1903, se tornou um dos poucos best-sellers mundiais da arte culinária, extrapolando as fronteiras para a Espanha e para o mundo. Ainda hoje, o livro é leitura obrigatória nas escolas de hotelaria francesas, e os seus seguidores se reúnem em fã-clubes Escoffier em lugares tão longínquos como Tóquio.

Em qualquer época, Auguste Escoffier teria sido um bom chef de cozinha, pois tinha um talento excepcional para organização. Entretanto, ele só se transformou na primeira estrela da culinária moderna quando se uniu a outro obcecado: César Ritz. Antes de os dois se conhecerem, esse suíço já havia idealizado e dirigido uma impressionante lista de hotéis de luxo. Contudo, em 1884, a sua estrela ameaçava se dissipar nos rochedos de Mônaco. Ritz havia assumido, no minúsculo principado, a direção do Grand Hôtel, que, se comparado com a concorrência – o Hôtel de Paris –, era muito antiquado. Para que o Grand Hôtel não perdesse ainda mais clientes, ele precisava ter alguma boa idéia.

Assim que Ritz, então com 34 anos, e o superchef francês Escoffier – que com a sua culinária atraía principalmente os ricos –, com 42, se encontraram pela primeira vez, em Monte

Carlo, imediatamente perceberam que dariam uma bela parceria. "O fato de os dois terem se encontrado é considerado um dos acontecimentos mais importantes na vida de ambos", lembra Marie Louise Ritz na biografia do seu marido.

Ritz, o ambicioso dono de hotel, juntamente com o seu cozinheiro Escoffier, em pouco tempo conseguiu colocar um estabelecimento após o outro no topo da lista dos hotéis de luxo da Europa. Até que, em 1898, os dois realizaram um sonho e abriram juntos o Ritz, na Place Vendôme, em Paris. O Grand Hôtel funcionava com a precisão de um relógio suíço. Escoffier comandava a brigada de cozinheiros que, naquela época, produzia a melhor comida do mundo (pode-se dizer isso também tendo em vista a quantidade) para mais de oitocentos clientes. Ritz administrava o ambiente sempre na busca do detalhe que pudesse surpreender os nobres ou os ricaços da época. Por isso, mandou fazer uma escada no Ritz de Paris "onde as mulheres usando vestido de gala pareciam mais irresistíveis do que em qualquer outro lugar do mundo", conforme observou um colunista parisiense. Era a parceria de dois individualistas imbatíveis, exatamente como viria a ocorrer cem anos depois com Ferran Adrià e o seu *alter ego*, o gerente Juli Soler.

Adrià e Escoffier têm algumas coisas em comum, mas também uma diferença gigantesca que se mede em calorias, muitas calorias. Apesar da vontade de fazer experiências, Auguste Escoffier teve que se adaptar às exigências alimentícias de seus clientes, e eles amavam a abundância. Os banquetes de gala do Grand Hôtel duravam até oito horas – naquela época, somente ali era possível encontrar a alta gastronomia –, consistiam em mais de trinta pratos, e cada prato era uma verdadeira batalha. Um autêntico menu: como entrada, uma porção considerável de *foie gras*. A seguir, uma maratona de pratos principais: truta salmonada com um molho forte de caranguejo acompanhada de batatas na manteiga *e* pernil de cordeiro *e* peito de frango frio *e* pato. Para concluir, uma tábua de queijos e uma taça melba como sobremesa. Quem sobrevivesse a isso tudo (e quase todos sobreviviam) recebia ainda dois pequenos digestivos e, para coroar, um *espresso*. As calorias desse menu para uma pessoa bastariam para satisfazer a metade dos clientes do El Bulli em uma noite.

Escoffier, que juntamente com Julius Maggi inventou os famosos cubinhos que receberam o nome deste último, sabia que a cozinha depende "da disposição psicológica de uma sociedade". "Mesmo que o cozinheiro quisesse, não poderia evitar essa força natural", escreveu em uma nova edição de *Le Guide culinaire*, já profetizando o triunfo de uma nova culinária. "Os filhos de nossos netos terão que criar uma nova cozinha, que será liberada de muitos fardos inúteis. Se o tempo é limitado, o cardápio também tem de ser limitado." Em 1935, morre o criador da *grand cuisine*, um homem calmo e sereno, o "cavaleiro da legião de honra" que havia passado 63 anos de sua vida à frente do fogão e dirigindo estabelecimentos culinários – e que até hoje é um dos ícones da gastronomia.

O cozinheiro dos generais

Cartagena, sul da Espanha

Na cozinha do Estado-Maior de Cartagena, Ferran Adrià aprendeu principalmente três coisas: economizar, organizar e delegar. Ele brincava, ao falar do passado: "Quanto mais bocas para alimentar, piores eram os ingredientes que recebíamos". Uma tarefa nada fácil para o aprendiz de cozinheiro que, apesar de ter o *El Práctico* na cabeça, tinha também pouca experiência. Tudo tinha que ser improvisado, o que facilmente poderia ter dado errado se Adrià não tivesse recebido apoio de um cozinheiro profissional. Ao lado de Fermí Puig, logo ele conseguiu fazer tudo tão bem que os generais, para manter o moral da dupla, concediam férias especiais bastante generosas para os dois. "Trabalhávamos como loucos por um mês e depois eles nos liberavam por um mês", afirmou Puig, que hoje cozinha no Drolma, requintado restaurante uma estrela, em Barcelona.

Foi na cozinha do Estado-Maior que, pela primeira vez, Ferran Adrià descobriu o crescente amor pela culinária. Já naquela época Puig ficou impressionado com a incrível capacidade de observação do seu companheiro, e não só no que dizia respeito a acontecimentos em campos de futebol. "Se ele fazia a receita uma vez, ele a memorizava." Ao concluírem o serviço militar, os dois produziram a sua obra-prima: entregaram ao comandante e à filha deste um pequeno livrinho com as suas receitas preferidas – eram compilações, tipo *The*

Best of dos grandes da nouvelle cuisine, uma brincadeira intelectual. Eles não haviam preparado nenhuma dessas receitas na cozinha do Estado-Maior, mesmo assim a família do general ficou impressionada.

Ferran Adrià havia conhecido essa tal de nouvelle cuisine justamente no lugar onde ele mais tarde viria a revolucioná-la: no El Bulli. Antes de prestar o serviço militar, Puig havia trabalhado nesse pequeno restaurante duas estrelas na Costa Brava. E nas férias às vezes ia para lá e ajudava na cozinha. Costumava falar muito bem para Ferran sobre o maître Juli Soler: o quanto aprendia com ele e como era contagiante o seu amor pela cozinha.

Em agosto de 1983, Puig levou o colega catalão até a praia paradisíaca de Cala Montjoi. Ele não pretendia trabalhar muito em seu mês de férias, mas ficou contente com a idéia de passar os dias na praia e as noites com as meninas de Roses. Entretanto, não foi isso que aconteceu. Às dez da manhã, Puig e Adrià tinham que estar a postos na cozinha, mesmo se tivessem passado a noite em claro depois do trabalho. Isso não era exatamente férias na praia.

Só bem mais tarde Adrià se deu conta de que, graças a Puig, estava trabalhando em um dos melhores restaurantes da Espanha, naquele lugar isolado no final de uma trilha de cabras, e conhecendo, por meio do chef Juli Soler, "a *alma mater* dos prazeres da culinária". "Entrei em contato com um mundo que eu não fazia nem idéia que existia: o guia Michelin, o Gault Millau*, os críticos de jornal, as atividades de gerenciamento de Juli Soler e a nouvelle cuisine", que em meados dos anos 80 já era um sucesso mundial. A partir desse momento, o aprendiz de cozinheiro começou a acompanhar fascinado o que estava acontecendo nas cozinhas da França. Já naquela época – e Adrià era ainda um iniciante –, ele percebeu que a nouvelle

* Guia de hotéis e gastronomia francês. (N.T.)

cuisine era o movimento que introduzira mais mudanças no mundo da culinária do que qualquer outro até então. Duas décadas mais tarde, quando colegas e a imprensa mundial o elegeram "o melhor cozinheiro do mundo", Adrià ainda preservava essa admiração pela nouvelle cuisine.

Em dezembro de 1983, assim que concluíram o serviço militar, Adrià e seu amigo Puig decidiram voltar para o El Bulli, embora a data combinada para o início do trabalho fosse somente março do ano seguinte. Entretanto, a viagem de Barcelona para Cala Montjoi, que normalmente não leva nem duas horas, virou um passeio de três dias em que eles "realmente aproveitaram", como conta Puig. Foi uma jornada rumo à liberdade, uma viagem – com pequenas paradas em discotecas e bares – que culminou com o ingresso no mundo dos adultos. Finalmente podiam decidir o rumo das próprias vidas. E para Ferran Adrià, isso significava cozinhar. Mal sabia ele que, com esse novo estágio no restaurante de Juli Soler, estava abrindo mão das suas últimas férias em décadas.

Juli Soler – de contrabandista de discos a maître

Terrasa, Catalunha

O catalão Juli Soler Lobo, nascido em 31 de maio de 1949, recém havia completado treze anos quando se tornou assistente do maître do Gran Casino, em Terrasa. Ao contrário do seu futuro *alter ego* Ferran Adrià, esse primeiro passo na carreira não deve nada, mas nada mesmo ao acaso. O pai de Soler gerenciava um pequeno hotel de frente para o mar, e a perspectiva de se tornar maître era para Juli como um sonho.

Naquela época, essa função era no mínimo tão importante quanto a do cozinheiro. O maître era a alma do restaurante, organizando e controlando tudo o que lá ocorria. Ainda reinava a combinação cortar os filés, flambar e trinchar, e ele devia ler cada pedido nos lábios dos clientes. Para os clientes, o maître e o chefe dos garçons eram o rosto da cozinha, já que o cozinheiro ninguém via. Este trabalhava em um ambiente engordurado no fundo do estabelecimento, sendo que na Espanha dos anos 60 os fogões ainda eram à lenha. Essa mudança dos papéis só viria a ocorrer nos anos 70, com a expansão da nouvelle cuisine, que rebaixou sem piedade o chefe dos garçons. O cozinheiro se tornou soberano, estrela e, na maioria dos casos, também o proprietário do restaurante. A partir desse momento, o cozinheiro passou a dar o seu nome ao restaurante e a não mais relegar detalhe algum ao acaso. O prato vira uma pequena obra de arte, criada na cozinha e não mais na frente do cliente. Mas há um motivo de ordem financeira para deixar a classe dos garçons de fora: na qualidade de proprietários, os cozinheiros da nouvelle cuisine podiam manter os salários dos garçons extremamente baixos, porque qualquer um poderia desempenhar a função de carregador de pratos.

Porém, na juventude de Juli Soler, essa revolta da cozinha francesa ainda estava bem distante. "Meu pai era louco pelo seu trabalho", conta Soler, "ele sonhava com um relacionamento excelente entre o maître e os clientes." Sempre que podia, o jovem Soler ajudava no Gran Casino de Terrasa. Com quatorze anos, ele se tornou o mais jovem maître de restaurante de luxo em toda a Espanha. Mas só agüentou isso por alguns anos. Acabou atraído pela inquietante Londres. Lá, a juventude se rebelava ao som de uma música revolucionária.

Soler passava a metade do ano na capital inglesa, onde comprava discos dos Beatles, Rolling Stones, The Who. Na outra metade do ano, fazia nome como DJ subversivo em Barcelona. Os novos ídolos da juventude inglesa ainda eram mal-vistos pelo isolado e rígido regime de Franco, e alguns eram inclusive proibidos. Ele descobriu que seria um grande negócio trazer ídolos para a Catalunha, como Mick Jagger! Na sua melhor época, o maître chegou a ter três discotecas e uma bem-sucedida loja de discos em Barcelona.

Em dezembro de 1980, uma amiga apresentou-o a Marketta Schilling, que era casada com um alemão e proprietária do restaurante uma estrela Hacienda El Bulli, do qual ele já ouvira falar. Marketta Schilling lhe disse que precisava renovar a sua equipe e que, portanto, estava buscando com urgência gente nova: "Você não quer conversar com o novo chef da casa?" Tratava-se de mais do que uma mera troca de equipe – estava em jogo a existência desse restaurante top de linha, como Soler leu nas entrelinhas. Mas será que ele estava mesmo disposto a abrir mão da sua autonomia para retornar às atividades em um restaurante? Coordenar garçons, em vez de festas de rock-'n'-roll? Aceitar reservas em vez de apostas sobre o próximo hit de música soul? "Por que não?", respondeu Soler à claramente aliviada proprietária do Hacienda El Bulli.

Eles marcaram um encontro para o feriado de Natal ao meio-dia. "Eu queria levantar às dez, mas pontualidade nunca foi o meu forte", lembra o ex-DJ. "Só fui acordar ao meio-dia, vesti uma jaqueta com forro de lã e saí correndo os sete quilômetros de chão batido até Cala Montjoi. Dois quilômetros depois, o motorista de um Seat 1500, um turista, ficou com pena do pacote de lã suado e me deu uma carona até o El Bulli."

Em vez de fazer uma entrevista formal, o marido de Marketta, Hans Schilling, disse ao visitante que preferia que eles experimentassem juntos o cardápio de ano-novo do chef Louis Neichel, que estava prestes a deixar o restaurante, e batessem um papo enquanto comiam. Juli Soler, que tem um excelente papo, percebeu imediatamente que o entusiasmado alemão não estava tão preocupado com o dinheiro, mas sim em "criar momentos de grande alegria durante o jantar". Naquela época, o Hacienda El Bulli já se diferenciava de outros restaurantes espanhóis. Os talheres e a louça vinham da Alemanha e não perdiam em nada para o extraordinário luxo das mesas dos deuses da cozinha francesa, como Alain Chapel e Jacques Pic.

Hans Schilling e Juli Soler simpatizaram mútua e imediatamente, logo se entendendo. Soler com certeza teria que recuperar o tempo perdido em relação ao conhecimento culinário enciclopédico e prático de seu futuro chefe. Mas isso não era um problema para Schilling, que encarou tudo como mais um motivo para enviar Soler a uma viagem de estudos de dois meses que consistiria em visitas aos melhores restaurantes três estrelas da França. Mal Soler havia retornado de viagem, o rebatizado El Bulli perdeu a sua única estrela Michelin. Esse não era exatamente um começo dos sonhos para o novo maître.

Dr. Hans Schilling – o pai do El Bulli

Roses, 1961

Depois da Segunda Guerra, o Dr. Hans Schilling possuía um consultório médico bastante concorrido em Düsseldorf, na Alemanha. Quando não estava trabalhando, ele partia com Marketta, que compartilhava com ele o gosto por lugares distantes, para o sul. No movimentado final dos anos 50, os dois cidadãos do mundo foram parar na cidade catalã de Roses, uma aldeia de pescadores localizada oitenta quilômetros ao sul da fronteira com a França, onde de vez em quando apareciam alguns turistas perdidos. Como a praia era parada e monótona, eles continuaram percorrendo a costa até chegar a uma baía que os deixou boquiabertos: em frente às falésias se estendia um mar azul-turquesa cujas ondas quebravam suavemente numa praia reluzente de areias brancas. Sem dizer uma palavra, os Schilling tiveram a mesma idéia. Cala Montjoi – esse era o nome do lugar intocado aonde de vez em quando alguns mergulhadores perdidos também chegavam – era um paraíso. E, como recearam que uma chance dessas não se repetisse jamais, resolveram comprar imediatamente esse sonho de baía. Sequer precisaram desembolsar muito dinheiro, pois na época o marco valia bem mais do que o peso.

Em primeiro lugar, o casal ergueu uma pequena casa cem metros acima da estradinha onde hoje está situado o El Bulli. "Não tínhamos arquiteto, e tivemos que meter a mão na massa", lembra Hans Schilling. "Construímos escadas e muros segundo a nossa intuição. A alma sabe mais de arquitetura do que os livros."

Nos primeiros anos, eles enfrentaram três problemas: não tinham água, nem luz, nem telefone. Viviam mais isolados de tudo e de todos do que era a intenção. Entretanto, enquanto cada vez mais turistas se perdiam pelo caminho e chegavam na baía, os Schilling construíram ali, em 1962, um mini-golf que acabaram fechando um ano depois, pois precisavam de lugar para um pequeno bar de praia, que se tornou o preferido dos mergulhadores da Cala Montjoi. Os moradores de Roses chamavam o lugar simplesmente de "o bar alemão". Somente em 1964 começou a verdadeira história do restaurante que os pescadores batizaram de El Bulli, em referência ao cachorro da família Schilling, da raça bull terrier. Se até aquele momento só havia pratos simples no cardápio – pernil de cordeiro, frango e dourado grelhados –, o médico gourmet tinha cada vez mais vontade de passar para o outro lado do balcão e administrar um bom restaurante.

Enquanto Hans Schilling, a fim de financiar as suas idas a restaurantes três estrelas, clinicava na Alemanha durante uma grande parte do ano, Marketta administrava o El Bulli. Em 1975, ela decidiu admitir o chef lionês Jean-Louis Neichel e em seguida comprovaria que tinha se saído bem na empreitada. Um ano mais tarde, o restaurante recebeu a primeira estrela do guia Michelin. Nesse momento, Hans Schilling passou a dar as cartas, como os proprietários dos grandes restaurantes onde tantas vezes ele havia jantado.

A nouvelle cuisine: o big bang da cozinha contemporânea

Os novos dez mandamentos

Vamos tentar imaginar o quadro: faz uns vinte anos que foi declarada a morte da nouvelle cuisine, tanto na França, sua terra natal, como no resto do mundo. Os idealizadores dessa revolução na cozinha, de Michel Guérard a Alain Senderens – há muito as primeiras estrelas no firmamento da gastronomia –, não utilizam mais esse conceito. E mesmo a geração seguinte, de Alain Ducasse, Marc Veyrat e Joël Robuchon, que havia rompido com os seus precursores, não quer ter o seu nome ligado à antiga revolução. De repente, aparece um espanhol de Roses, Catalunha, e afirma: "Eu me sinto filiado à nouvelle cuisine". Como isso é possível?

Quando tinha 22 anos, no início dos anos 80 – na época em que a estrela nouvelle cuisine ainda brilhava no firmamento –, Ferran Adrià era um dos cozinheiros mais jovens da Espanha e não havia rompido com ninguém, até porque não aprendera a cozinhar com nenhum padrinho. Em vez disso, havia devorado mais de uma dúzia de livros sobre os mestres da cozinha. Ao contrário do resto do mundo da culinária, ele não os achou ultrapassados. E até hoje está convencido de que "a nouvelle cuisine era e é radicalmente moderna. Apenas precisamos descobrir sem preconceito o que os chefs de cozinha tinham em mente na época". Principalmente, não se deve confundir a nouvelle cuisine com alguns excessos, como três pequenas ervilhas cruas e um pedaço de tomate sem sal perdidos em um prato enorme, capitalizados alegremente sob o título: "Quarteto de ervilhas frescas e tomate do Reino do Marrocos manualmente selecionado e temperado".

A revolução da culinária acabou por devorar os próprios filhos. Foram os maus alunos com miniporções e pouca substância que difamaram a nouvelle cuisine. Surgiram cozinheiros que só estavam atrás do dinheiro fácil, cujo único aspecto criativo era a contabilidade. Portanto, desde o final dos anos 80, a nouvelle cuisine estava clinicamente morta. Mas não as suas idéias. As idéias emigraram, por exemplo, para a Espanha.

"A nouvelle cuisine causou muitos danos à alta gastronomia", foi o que Alain Ducasse me disse certa vez durante uma entrevista, o que me surpreendeu, pois ele mesmo afirmava que "nunca aprendera tanto com alguém" como com Alain Chapel, um dos três cabeças da nouvelle cuisine. Quando Ducasse começou o seu aprendizado, em 1977, a nouvelle cuisine ainda estava no auge. Os revolucionários haviam se tornado a regra, de modo que quem nunca tivesse sido seu seguidor jamais pisaria no reino das três estrelas do Michelin. Portanto, Ducasse se referia aos rebentos da nouvelle cuisine, que tanto haviam prejudicado a reputação da alta gastronomia.

Façamos uma retrospectiva da ascensão dos revolucionários da nouvelle cuisine ao poder. A velha *haute cuisine* havia morrido em primeiro de outubro de 1973, devido a um artigo histórico sobre culinária na revista *Gault Millau*. Os assassinos se chamavam Henri Gault e Christian Millau, dois jornalistas parisienses especializados em culinária cuja qualidade principal não era exatamente a modéstia. "Viva a nouvelle cuisine. Os dez (novos) mandamentos": assim se intitulou o seu panfleto mortal contra a velha culinária. Nele lia-se o seguinte: "Não fomos nós, péssimos cozinheiros (os dois jornalistas que vos falam), que inventamos os dez mandamentos. Só delineamos os contornos daquilo que os chefs franceses afiliados a uma nova escola estão cozinhando." Foi essa linguagem clara e também a ousadia o que fascinou Ferran Adrià quando leu o artigo, em meados dos anos 80. O jovem cozinheiro podia assinar embaixo de cada um dos dez mandamentos:

1. Tempos de cozimento menores para carnes, peixes e verduras;
2. Utilizar somente produtos excelentes, frescos e da estação, vindos direto do mercado;
3. Limitar a oferta do cardápio, só oferecer os "clássicos" se estes puderem ficar excelentes enquanto produto;
4. Não utilizar nenhuma técnica culinária duvidosa;
5. Utilizar o mais novo *know-how* onde isso fizer sentido do ponto de vista culinário;
6. Não utilizar marinadas, nem depender de carne de caça;
7. Abdicar de molhos pardos e brancos e de molhos pesados; em vez disso utilizar caldos claros;
8. Praticar uma cozinha leve e sadia;
9. Usar a estética da simplicidade;
10. Ter a criatividade como princípio básico.

Comparados com a cozinha de hoje, esses princípios não parecem muito revolucionários, mas foram eles que, pela primeira vez, insistiram em palavras como inovação e criatividade, que até aquele momento não tinham um papel importante na alta gastronomia. A alta gastronomia consistia principalmente na reprodução fiel dos clássicos. E Gault e Millau afirmaram: "Existem milhões de pratos por serem criados – e algumas centenas que deveriam ser guardados na memória". Milhões de novos pratos no lugar de algumas centenas de antigos. Modernidades contra antigüidades. Era um claro grito de guerra, um massacre dos clássicos da alta gastronomia francesa como o *pascaline d'agneau*, tão imponente quanto barroco: quatro cabeças e doze patas de ovelha acrescidas de diversos pedaços de cérebro e um fígado frito no bacon. Ou o *grande sauce espagnole*, que faz jus ao nome, tendo em vista as quatro páginas da receita e os dois dias necessários para a preparação. Era também o caso de um molho que era tão comum que ninguém jamais pensou em lhe dar um nome, embora qualquer cozinheiro soubesse o que ele continha: presunto, *noix de veau**, frango, faisão, ervas e champignons – era preparado de manhã, a gordura era removida ao meio-dia e o prato era servido à noite.

A primeira vítima dos revolucionários foi o clássico de culinária *La bonne cuisine*, de Madame E. Saint-Ange. O tempo de cozimento que ela prescreve para peixes "transforma qualquer peixe – seja bom ou passado – em papel crepom". E os molhos dela só eram bons para uma coisa: "Para encobrir a qualidade duvidosa dos pratos principais". Principalmente as marinadas e os temperos foram colocados no banco dos réus, porque mascaram a má qualidade dos pratos, em vez de destacar o seu sabor. E a arte dos congelados (pela qual Madame Saint-Ange excepcionalmente não pode ser responsabilizada) produziria "caranguejos de rio congelados e linguados irremediavelmente secos". De qualquer maneira, os pescados não deveriam ser confinados em um freezer, pois todos os produtos deveriam ser frescos e vir direto do mercado. Um pecado que não se poderia atribuir a Madame Saint-Ange, pois na época dela peixe fresco havia quando muito perto da costa. Fim de conversa.

Três anos mais tarde, Henri Gault e Christian Millau contavam, entre os dez mil tradicionais restaurantes de seu guia gastronômico, com cerca de uma centena de chefs filiados

* Filé de vitela, em francês. (N.T.)

à comunidade da nouvelle cuisine. A revolução precisava de tempo para se desenvolver. A cozinha clássica daquela época ainda estava enraizada no século XIX, segundo o antigo modelo do velho Escoffier. Entretanto, em meados dos anos 70, em um mundo em que saias mais curtas talvez exigissem também um tempo de cozimento mais curto, a culinária tradicional não tinha mais vez. Graças ao milagre econômico, os franceses dispunham mais uma vez do dinheiro que tradicionalmente gostavam de gastar em restaurantes. Porém, os clássicos restaurantes três estrelas pareciam museus frente a uma nova geração cuja atitude perante a vida se revelava principalmente nas ruas, onde não só a minissaia abalava a nação francesa.

"Assim como em 1492 Colombo acabou com as limitações da Idade Média, a nouvelle cuisine sinalizou o início da gastronomia moderna", escreve, em 1995, o filósofo francês Michel Onfray, sem medo de exageros, em *La raison gourmande: Philosophie du goût*, a sua filosofia do paladar. Após os magros anos 50 e os espartanos anos 60, enfim havia comida suficiente na Europa ocidental. Não se precisava mais de guarnições para encher a barriga. Agora o que importava era a essência, quantidades mínimas, o desejo por menos. Pela primeira vez, os renovadores queriam apelar para os cinco sentidos, deliberadamente também para a visão, unindo cozinha, design e a arte de criar. Comer não deveria ser um acontecimento sensorial, mas também um acontecimento estético. Nascia a cozinha moderna. No lugar da bomba calórica *sauce espagnole*, Senderens, Chapel e Guérard, seus proponentes, criaram milanesa de aves com chá, ostras com pepino ou *foie gras* quente com rabanete.

"Cada inovação parece a perversão de uma primeira perfeição", escrevera certa vez Escoffier em seu *Le Guide culinaire*. A partir de agora, seria exatamente o contrário: tudo deveria ser novo e mínimo – mínimo em tempo de cozimento, mínimo na conservação, na apresentação e também nas calorias. A revolução de Adrià retoma isso – a refeição deveria ser atrativa, cheirar bem e ser interessante para o paladar. "A nouvelle cuisine introduziu uma nova gramática, uma nova ordem das palavras" na linguagem da culinária, escreve Onfray.

Michel Guérard – papa da cozinha e gourmet diet

Michel Guérard, de quem se dizia que criava pratos com tanta facilidade quanto o jovem Mozart compunha música, era o cozinheiro mais festejado do início dos anos 70. O que ele fazia na panela não era somente original e elegante – era também barato. Isso talvez por ele ter recebido o seu primeiro salário em uma cozinha grande, no cabaré parisiense Lido, na Champs-Élysées. Os clientes, impressionados com os peitos e as coxas à mostra das meninas, às vezes esqueciam as coxas e os peitos de frango – que não tinham nem comparação e eram menos inspiradores – e não os comiam. Isso deu uma idéia ao criativo chef pâtissier: por um franco, ele comprava do cabaré os peitos de frango que não haviam sido consumidos na noite anterior, retirava os ossos, cozinhava brevemente a carne, acrescentava tomates, pepinos, alho-poró e cogumelos e fritava tudo rapidamente. Por fim, colocava o frango em um palito como um pirulito. Ele fazia algo semelhante com as verduras, que também eram empanadas. Ficou tão famoso com as suas criações que pôde abrir, em 1965, em Asnières, perto de Paris, o seu próprio restaurante, *Le pot au feu*, que logo receberia três estrelas.

Ele modernizou radicalmente até mesmo uma sobremesa simples como a torta de maçã, acabando com a gordurosa *pâte brisé**, comum na época, e a pesada pasta de amêndoas.

* Massa feita com farinha, manteiga e água que serve de base para outros pratos. (N.T.)

A sua *tarte fine aux pommes* consiste de maçãs cortadas em finas lâminas dispostas sobre uma leve massa folhada. Isso soa banal, porém alguém tinha que aparecer com a idéia pela primeira vez. A lenda em torno da sua famosa culinária diet, *cuisine minceur*, parece simples e óbvia. Quando sua futura esposa, Christine, lhe foi apresentada, o homem charmoso que tinha a orelha direita levemente de abano ainda estava um pouco acima do peso. Logo ele passou a ter sérias intenções com relação a essa mulher suntuosa – herdeira de alguns imóveis em Eugénie-les-Bains – e inventou todo um cânone de receitas para emagrecer que reconhecidamente deram certo: em 1974, após o casamento, o casal abriu no pequeno lugarejo de descanso da imperatriz Eugénie, que há décadas atraía alguns poucos turistas, um hotel de luxo que é lucrativo até hoje, acompanhado do restaurante gourmet diet que logo conquistou fama mundial.

Preparar refeições para dietas é fácil. O problema é o sabor. A maneira com que Michel Guérard conseguiu solucionar esse problema é o segredo que o tornou mundialmente famoso e inclusive o colocou na capa da revista *Time*, em 1976. Pois ele reinventou toda a cozinha francesa, e a sua culinária diet não envergonhava em nada a alta gastronomia. Guérard pegou uma coxa de frango, acrescentou um pão doce com baixo teor de açúcar, cogumelos e trufas, e serviu tudo com um molho verde de agrião, espinafre, cogumelos e manjerona. Assim, conseguiu obter sabores que dificilmente seriam percebidos em pratos à base de manteiga, gordura animal ou nata. Fez algo semelhante com a pomba grelhada servida com um *sauce zéro* – mostarda e queijo fresco com zero por cento de gordura. Além desse *sauce zéro*, havia também o *sauce vierge*, uma mistura de tomate, alho, coentro, salsa crespa, salsa e azeite de oliva. Guérard chegou até mesmo a colocar óleo mineral (de parafina) nos seus molhos, assim como Ferran Adrià faria trinta anos mais tarde. Depois que o cozinheiro diet descobriu que esse óleo não era bom para a digestão, ele inventou uma espécie de substituto: caldo de legumes transformado em uma delicada gelatina com o auxílio de ossos de frango e temperado com um pouquinho de azeite de oliva.

Os hóspedes do spa devoravam as delícias leves de Guérard e, um ano após a abertura do *Les Prés d'Eugénie*, o chef recebeu as tão cobiçadas duas estrelas do guia Michelin para o seu novo estabelecimento.

Se Ferran Adrià tivesse podido eleger um padrinho entre todos os mestres de cozinha de todos os tempos, a sua escolha teria recaído sobre Michel Guérard. E o já mundialmente famoso catalão ficou muito entusiasmado ao se encontrar com o co-fundador da nouvelle cuisine, em 28 de setembro de 2002.

O encontro dos dois revolucionários da cozinha foi extremamente animado, como revela uma foto do septuagenário Guérard com o jovem Adrià: os dois equilibravam um ovo entre as suas testas, como se estivessem dançando um *paso doble*. Na opinião de Guérard, o jovem de quarenta anos tinha o direito a um dueto. Na ocasião, ele elogiou as criações de Adrià, classificando-as como "bombas atômicas ao prato". Ferran Adrià estaria "simplesmente reinventando a geometria do sabor". Ao se despedir, Guérard resumiu a cozinha de Adrià com uma espécie de ode absolutamente sincera:

"F.[erran] A.[drià] – se libertou das regras da cozinha clássica,
dos tesouros culinários culturais aparentemente irrefutáveis.
Redefiniu cores, formas, texturas e também o sabor.

F.A. – põe abaixo os preceitos existentes e provoca,
faz uma culinária que nem sempre se leva totalmente a sério.
Já na primeira mordida, a sua culinária nos faz refletir,
e nos surpreende ainda mais na segunda mordida.

Ele – é um cozinheiro, mas também é um cientista, um alquimista, um pesquisador e inventor de novas e inimagináveis sensações.

Ele – deixa o seu espírito solto, dá asas à imaginação,
como um pintor abstrato que deixa o seu pincel voar.

F.A. – reinventa a cozinha.
Ele é para a gastronomia o que Gaudí foi para a arquitetura,
o que Júlio Verne representou para a literatura.
Ele tem a habilidade de inventar coisas loucas, de tornar o sonho realidade; tem o dom natural de reconhecer o raro à primeira vista.

Ferran é um artista na mais pura forma.

Ao meu amigo Ferran com grande admiração,
Michel Guérard."

Não sabemos o que Adrià colocou no vinho do mestre naquela noite, mas certamente se trata da troca da guarda mais comovente da história da culinária.

Uma revolução? Uma revolução!

Até hoje a nouvelle cuisine divide os mais renomados chefs de cozinha. Uns afirmam que foi o embuste do século, que aplicaram a palavra *nouvelle* com grande impacto de marketing ao que, na verdade, era simplesmente a *grande cuisine française*. Outros céticos dizem que Marie-Antoine Carême, Auguste Escoffier e Fernand Point também foram inovadores na sua época. A nova nouvelle cuisine até teria causado algum impacto, mas nada de muito revolucionário.

A questão ficaria eternamente sem resposta se o sociólogo francês Claude Fischler não tivesse feito um trabalho exaustivo para o seu livro *L'Homnivore* (O Onívoro), publicado em 1990, que surpreendentemente é até hoje um dos poucos estudos científicos sobre a nouvelle cuisine. Fischler analisou cardápios de todos os restaurantes três estrelas franceses de 1930 até 1990, pois, se realmente tivesse acontecido uma revolução na cozinha, ela poderia ser acompanhada a partir dos cardápios.

O estudo demonstra como a oferta de pratos em cada lugar é relativa e depende de coisas que não se pode avaliar. Por exemplo, só a partir de meados dos anos 70 a massa italiana ingressou na alta gastronomia francesa e, desse modo, também na culinária mundial. Antes disso, ela era considerada comum demais para restaurantes de primeira linha. Somente a partir dos anos 80 as frutas apareceram – como parte dos pratos, não como sobremesa – nos cardápios: frutas vermelhas, laranjas, limões. E o que hoje é difícil de se imaginar: até 1935, legumes e verduras não constavam de jeito nenhum nos cardápios (com exceção de cogumelos, o resto era considerado comida de pobre). Ao passo que, a partir dos anos 70, quando a nouvelle cuisine começou a se expandir, os cardápios ficaram literalmente saturados de verduras. Alho-poró, agrião, beterraba, azeitonas, lentilhas e tomates deixaram de ser considerados inferiores a carne, peixe e crustáceos. Até mesmo o repolho se emancipou.

Se analisarmos bem, nos anos 70 aconteceram muito mais mudanças do que nos cem anos anteriores. Até essa época, caranguejos de rio pertenciam ao incontornável cânone de todo restaurante que tivesse estrelas. Nos anos 50, por exemplo, o prato clássico do restaurante parisiense Lucas Carton era o *homard gratiné*, lagosta gratinada. No restaurante de Charles Barrier, em Tours, o caranguejo de rio aparece em 1970 em uma nova versão como *écrevisses du pays au Vouvray*, cinco anos mais tarde reaparece no restaurante de Paul Bocuse como *marinière cassoulette*,* e em 1980, como *ragoût d'écrevisses de brochet***. Posteriormente, esse prato clássico desaparece dos cardápios de restaurantes três estrelas.

Desde Escoffier, todos os ingredientes nobres tinham o seu lugar, mesmo o frango de Bresse***. No seu *Le Guide culinaire*, há nada menos do que 218 denominações de origem controlada, da *croûte landaise*** ** à *lamproie bordelaise*****. Já a nouvelle cuisine começou a brincar com a denominação de origem e a estendeu a um patamar internacional. Em 1980, Michel Guérard combinou o ravióli italiano com as famosas

* Um *pot-pourri* ao estilo dos marinheiros. Prato feito de mariscos com ervas finas e vinho branco; caldeirada. (N.T.)

** Cozido de lagosta e lúcio. (N.T.)

*** Os frangos da região francesa de Bresse têm um selo de qualidade especial e custam bem mais caro do que frangos de outras partes do país. (N.T.)

**** Empanado de Landes. (N.T.)

***** Enguia da região de Bordeaux. (N.T.)

trufas francesas e serviu *ravioli de truffes au beurre de mousserons**. A resposta de Alain Senderens veio em 1983 com o *ravioli de pétoncles*,** e a de Joël Robuchon, com o *ravióli de langoustines au chou****.

Como todo movimento de renovação, claro que a nouvelle cuisine inventou o seu próprio vocabulário – freqüentemente para violar as regras. A palavra "salada" não aparecia em nenhum restaurante três estrelas francês até que, em 1975, Alain Chapel lançou moda com uma "salada de lagostim", que foi seguida pela "salada de peixe com Sherry" de Jacques Pics. E a palavra *ragoût*, que até aquele momento só era usada para designar cozidos de carnes, começou também a aparecer na forma de "*ragoût* de frutos do mar". Mesmo a divisão sagrada entre peixes e carnes foi relegada ao passado quando Paul e Marc Haeberlin, da Alsácia, serviram *turbot rôti au jus de viande*****.

Até a carne estava sujeita a diferentes correntes. A tendência hoje é menos caça e mais vitela. Somente a carne de cordeiro permaneceu por todo o século XX nos cardápios da alta gastronomia. Como era difícil de se conseguir peixe fresco, a cozinha clássica não o apreciava muito, exceção feita ao lúcio e à truta. Porém, isso também mudou com a nouvelle cuisine. A partir de 1970, ocorreu uma espécie de mortandade de peixes de água doce nos cardápios. Cinco anos mais tarde, os peixes de água salgada haviam substituído quase completamente os peixes de água doce. Peixes como linguado, rodovalho, robalo, tamboril e salmonete fizeram uma carreira brilhante. O que permitiu isso, no final dos anos 60, foi a melhoria das rodovias, que passaram a ligar vilarejos costeiros, bem como dos caminhões frigoríficos para transporte. Além disso, surgiram

* Ravióli de trufas na manteiga com cogumelos *mousseron*. (N.T.)

** Ravióli de ostra. (N.T.)

*** Ravióli de lagostim com repolho. (N.T.)

**** Robalo assado ao molho de carne. (N.T.)

na França os *marchés d'intérêt national*, grandes mercados controlados pelo Estado.

Mais peixe de água salgada, verduras e frutas, menos uso de gordura e azeite – ou seja, uma "culinária diet" –, a introdução de frutas exóticas como kiwi ou manga e de temperos pouco usados até então, como no caso do cordeiro ao curry, que era pouco conhecido. Logo surgiram, como no ramo da moda, tendências de vida curta e maus imitadores que prejudicaram a fama dessa revolução na culinária. "Tomemos como exemplo a *terrine* de peixe", disse já em 1976 Henri Faugeron, chef parisiense proprietário de um restaurante duas estrelas: "Ela pode ter um sabor delicado, mas também pode ter um gosto horrível. Entretanto, se todos fizerem a mesma coisa, razoavelmente bem, vai chegar uma hora em que se atingirá um grau de saturação e, por fim, o prato será retirado do cardápio porque ficou com má fama".

Paul Bocuse, o espirituoso da nouvelle cuisine e a promessa de felicidade de Fernand Point

Em 2002, depois de Michel Guérard, outra estrela da gastronomia mundial anunciou a sua visita ao El Bulli. Adrià não quis revelar aos seus colegas exatamente quem seria, só deu uma dica: "É Deus". Aleluia! Quem poderia ser? Era Paul Bocuse, que trouxe com ele o príncipe herdeiro da alta gastronomia francesa, Alain Ducasse.

O fundador do El Bulli, Hans Schilling, já conhecia Bocuse, nascido em 1926 perto de Lyon, da época em que este ainda não tinha nenhuma estrela. "Quando comi o seu menu uma estrela pela primeira vez, fiz uma expressão de surpresa, e quando lhe perguntei por que de repente estava cozinhando de maneira tão diferente, ele encolheu os ombros e respondeu, de forma teatral: 'Meu filho, Alain Chapel me levou pela mão'." Alain Chapel – o patrono da cozinha do El Bulli, que faleceu em 10 de julho de 1990, aos 52 anos, no auge da sua carreira – já fazia nouvelle cuisine muito antes de esse rótulo existir.

Em 1973, Chapel, com apenas 36 anos, já havia recebido três estrelas por seu restaurante em Mionnay, na região da Borgonha. Ele foi um dos inspiradores do crítico de gastronomia Henri Gault quando este inventou o nome que marcou época – isso após ter comido pela primeira vez no restaurante de Chapel. Gault acabara de comer a salada de lagosta com trufas e pensou que nem mesmo o próprio Chapel poderia preparar um prato melhor. Porém, quando colocaram na sua frente o *gâteau de foies blonds*, fígado de frango de Bresse ao vinho branco e cognac, Gault não se conteve, como relatou mais tarde na revista *Gault Millau*: "Já na primeira garfada tive uma sensação simultânea de frio e calor. Fui tomado pelo sentimento arrebatador que algumas naturezas sensíveis experimentam ao ouvir o som de violinos e – não pude conter as lágrimas".

Chapel, que ficava animado quando conseguia conversar com vendedoras do mercado ou com agricultores sobre os seus produtos, em geral era reservado. Entretanto, conferiu à alta gastronomia, pela primeira vez, uma linguagem que vai além da pura culinária da nouvelle cuisine. "A cozinha tem que ser a menção de um tempo e de um desejo perdidos. A retomada de um sabor da infância e a tentativa de avivar uma lembrança", escreve em seu livro *La cuisine, c'est beaucoup plus que des recettes* (A cozinha é muito mais do que só receitas). "Um menu deve suscitar o desejo por outros prazeres, como a paz de uma igreja românica ou o som de violinos sendo afinados em uma igreja. Um bom prato pode indicar um longo caminho para se desfrutar a cultura." Isso era intelectual demais para Bocuse. Na opinião de *Monsieur* Paul, a cozinha de Adrià também carece de uma orientação "pé-no-chão".

Depois que Paul Bocuse degustou o menu de Adrià no El Bulli, não houve nenhuma poesia como presente de despedida. "Obrigado pela hospitalidade. Você é sensacional", escreveu-lhe *Monsieur* Paul, um pouco frio, em um cartão para a galeria de honra de El Taller, o laboratório experimental de culinária, em Barcelona. Isso não chateou Adrià. Ele e o seu pessoal se divertiram bastante com o rico anedotário de Bocuse, especialmente com as histórias sobre sua "vida sentimental" e sobre mulheres – histórias que, na verdade, se resumem a uma, embora muito peculiar: Bocuse vive há quarenta anos com três mulheres, que ele mantém financeiramente em casas separadas. Ele realizou o sonho de todos os homens. "E todas elas são felizes", ele gosta de contar em ocasiões sociais.

Durante toda a sua vida, Bocuse quis ser o primeiro em tudo (ou pelo menos diferente). Nos anos 60 e 70, ele se manteve distante da imaginação visionária de Michel Guérard e tampouco teve a rapidez de pensamento de Alain Chapel, nem a fantasia de Ferran Adrià. Acrescente-se a isso o fato de que essa estrela da mídia, que no mundo inteiro é identificada com a nouvelle cuisine como nenhum outro chef, nunca se sentiu filiada ao movimento, que lhe parecia intelectual demais. "Nunca fiz nouvelle cuisine", declarou em uma entrevista quando completou oitenta anos, mas completou: "Ah, apenas uma vez. Era uma salada de vagem – a aceitação foi ruim".

Bocuse nunca fez outra coisa a não ser alta gastronomia. Aos oito anos, já sabia preparar rins de vitela ao molho madeira, e o seu prato mais famoso – bagre com crosta de sal e musse de lagosta – é bastante pesado, e ninguém sonha em taxá-lo de revolucionário. Bocuse, que em fotos oficiais sempre usa o título, recebido em 1961, de Meilleur Ouvrier de France, não é nenhum teórico, mas apenas um camponês, embora sofisticado. Quanto aos direitos autorais da nouvelle cuisine, ele não faz nenhuma questão. E confessou isso com prazer aos seus mentores Guérard, Chapel e Senderens. Com as suas piadas populares, o seu charme e um talento para se comunicar (mesmo aos 81 anos!) de dar inveja a qualquer candidato à Presidência da França, ele está mais para *patrino* – o padrinho da firma nouvelle cuisine.

Talvez ele seja simplesmente a personificação da última frase de uma piada. Mesmo quando atacado, Bocuse responde com humor. Em 1989, quando o Gault Millau retirou um dos seus 19,5 pontos, ele contra-atacou em uma entrevista: "Críticos de gastronomia são como eunucos: eles sabem como se faz, mas não conseguem mais fazer". Um dos motivos para a perda do ponto, retirado pelo seu antigo fã Gault, foi que Bocuse – com todo o respeito – não era mais visto na cozinha.

"Enzo Ferrari também não aperta mais os parafusos dos pneus da Fórmula 1", respondeu irritado, "nem o chefe da Dom Pérignon enche as garrafas pessoalmente".

Desde os anos 70, Bocuse cria um cardápio especial para cada presidente francês – inclusive com conotações políticas. Na ocasião da entrega da medalha da Legião de Honra francesa, só com uma condição ele concordou em receber a comenda do presidente Valéry Giscard d'Estaing: ele traria os seus amigos, e eles mesmos cozinhariam. Essa ocasião tornou-se – e não era para menos – um encontro histórico dos melhores da liga das três estrelas: após a entrada de Bocuse, veio o salmão com cassis (*saumon à l'oseille*) dos irmãos Troisgros, o pato "Clause Jolly", de Guérard, a salada de Vergé e o "chocolate presidencial" de Maurice Bernachon. Frente a tamanha honra, Giscard d'Estaing contribuiu com um dos melhores vinhos brancos do mundo, o Montrachet safra 1966, e com um tinto tão bom quanto o branco, o Château Margaux safra 1926.

Bocuse criou entradas especialmente para essa ocasião. A sua sopa de trufas negras "VGE" estava coberta por uma crosta de massa folhada, de modo que o presidente não sabia como deveria tomá-la. "E agora, como fazemos?", ele perguntou à mesa. "*On casse la croûte*", respondeu Bocuse, sorrindo. O personagem Bocuse está por trás dessa frase. A expressão francesa *casser la croûte* – literalmente, "quebrar a crosta (do pão)" – significa fazer um lanche simples com amigos. Com essas três pequenas palavras, Bocuse conseguiu simultaneamente quebrar o gelo, foi engraçado, simpático e também um pouco ousado. Desde a ocasião, essa entrada virou lenda e tem sido a preferência absoluta em seus restaurantes.

Bocuse, representante da terceira geração de chefs da sua família, faz piada em qualquer situação. Desde que foi ferido na Alsácia durante a Segunda Guerra Mundial e tratado em um hospital de campanha americano, onde recebeu uma transfusão de sangue, ele sempre faz uma piada: "Nas minhas veias corre sangue americano". Além do seu filho espiritual, Alain Ducasse, nenhum outro cozinheiro ganhou tanto dinheiro quanto *Monsieur* Paul. Aos oitenta anos, ele foi ao Japão para abrir quatro novas brasseries, os tradicionais cafés-restaurantes franceses. Em 1987, inaugurou a Bocuse d'Or, uma competição francesa para cozinheiros profissionais que ocorre a cada dois anos em Lyon. Ele foi condecorado até mesmo pelos alemães com a Medalha Alemã de Honra ao Mérito de Primeira Classe, pelo seu trabalho pioneiro em prol da gastronomia teutônica.

Acima de tudo, Bocuse introduziu um novo estilo: o chef acessível. Isso ele aprendeu com seu mestre, Fernand Point, proprietário do La Pyramide, restaurante três estrelas de Viena. Por seis anos a fio, enquanto aprendia o ofício, Bocuse ajudou Point a pilotar os fogões e lhe serviu diariamente três, quatro garrafas de champanha (!)...

Fernand Point, um dos primeiros cozinheiros a escapar da cozinha para uma conversinha rápida com os clientes, não era um cozinheiro. Era uma força da natureza. Ele não só exalava calor, bondade e cordialidade como – segundo ele mesmo dizia – queria fazer as pessoas "felizes"– exatamente o que Adrià pretende setenta anos depois. O seu físico corpulento fazia jus a todos os chefs bem-sucedidos de antes da Segunda Guerra Mundial (bem, na verdade ele era um pouco mais gordo). Desde 1933, Point recebe ano após anos as três estrelas do Michelin. Se naquela época alguém tivesse perguntado: "Quem é o melhor cozinheiro do mundo?", dificilmente seria citado outro nome que não o de Point. Qualquer um que quisesse ser alguém na cozinha tinha que fazer estágio com ele: dos fornos do La Pyramide saiu no mínimo a metade dos cozinheiros franceses de primeira linha da geração seguinte.

Além de Bocuse, Paul Haeberlin, mais tarde seu filho Marc, Chapel e os irmãos Troisgros. Eles aprenderam o ofício com um dos melhores chefs de todos os tempos. Nem mesmo os revolucionários da nouvelle cuisine tinham o que criticar em Point (e eles atacavam tudo o que era anterior a 1965). E tudo isso apesar de o grito de guerra de Point ser: "Manteiga, manteiga, me dê mais manteiga!".

Em novembro de 1940, quando os nazistas freqüentavam os restaurantes de luxo de Paris, Point foi processado. Foi acusado de guardar ilegalmente 450 quilos de açúcar, 270 quilos de massa, 400 quilos de farinha e 25 quilos de manteiga (!) em tempos de guerra e de cupons de racionamento. O acusado não negou nada. Ele confessou a sua culpa, mas justificou-se junto ao juiz declarando: "Ninguém, mas ninguém mesmo tem o direito de trair um *gratin dauphinois*".*

Um belo dia, Robert Doisneau, o famoso fotógrafo cronista da Paris do homem comum, apareceu no La Pyramide. Queria tirar uma foto de Point. Nas suas fotos, para as quais aguardava horas, às vezes até dias, Doisneau captava exatamente aquele momento em que Paris é a boa e velha Paris, melhor do que nunca. A foto de Point, feita logo após a chegada de Doisneau, registrou o momento de forma genial. "Entre, meu jovem", teria dito Point, do alto do seu 1 metro e 92 centímetros de altura, para o fotógrafo carregado de tripés, objetivas e câmaras, alcançando a ele imediatamente uma taça de champanhe. Contudo, assim que Doisneau viu à sua frente aquele cozinheiro – uma montanha humana que pesava uns 146 quilos –, se pôs a trabalhar. Tirou uma objetiva grande-angular do fundo de sua bolsa, sentou no chão e fotografou de baixo para cima: no mínimo dois terços da foto foram ocupados

* Prato gratinado que consiste em batatas fatiadas sobrepostas, embebidas em nata e manteiga. (N.E.)

pela barriga de Point. Doisneau percebeu imediatamente que essa foto da barriga se tornaria uma das suas melhores. Não se enganou. A foto de Point, que morreu em 1955 com apenas 58 anos e em 1989 foi consagrado postumamente pelo guia Gault Millau como o "cozinheiro do século", segue pendurada na cozinha do La Pyramide. Há sempre flores frescas embaixo da foto.

Mestre Eckart Witzigmann – "o produto é a estrela"

O melhor chef da Alemanha não tem mais licença para dirigir o seu restaurante. Ferran Adrià considera isso uma piada de mau gosto, pois Eckart Witzigmann, nascido em 1941, foi um dos primeiros ídolos do catalão, que é vinte anos mais jovem. Ao receber o Prêmio Internacional Eckart-Witzigmann, em 2005, o catalão explicou por que esse prêmio era tão importante para ele. "Um dos meus primeiros livros de culinária foi uma obra de Eckart Witzigmann em língua alemã. Fiquei impressionado com a apresentação dos pratos e com a mistura de ingredientes. Nunca pensei que um livro de culinária que não tivesse sido concebido em francês pudesse me atrair tanto. Mandei fazer uma boa tradução. Mais tarde tive a certeza de que se tratava de um dos melhores livros que jamais havia lido. Quando Witzigmann e eu nos conhecemos, fiquei fascinado pela segurança instintiva com que ele sabia qual o próximo passo e o que era mais importante: claro, criativo e sem precisar lançar mão de exemplos. Considero Witzigmann um dos meus mestres e um dos melhores cozinheiros de todos os tempos."

Em 1971, quando Eckart Witzigmann começou a trabalhar como chef do restaurante Tantris, em Munique, a cultura culinária alemã ainda consistia no seguinte: um pedaço de carne com várias guarnições consistentes e baratas e, de bônus, uma salada verde. Não surpreendia o fato de nunca um chef em atividade na Alemanha ter recebido as três estrelas. A chegada do austríaco de Bad Gastein foi o marco zero da República Gourmet da Alemanha. A brigada de cozinha sob o comando de Witzigmann não estava entendendo mais nada. "Tudo era novidade: os ingredientes que ele escolhia e como os combinava e temperava", conta um dos seus discípulos. Em pouco tempo, ele transformou o Tantris no primeiro templo da cozinha que realmente merecia essa idolatria quase religiosa.

Entretanto, antes de o austríaco Witzigmann se tornar o primeiro chef três estrelas da Alemanha, ele já havia trilhado um longo caminho na pátria da alta gastronomia. O acaso quis que Witzigmann conhecesse um dos grandes nomes da gastronomia francesa enquanto esquiava na Áustria no início dos anos 60: Paul Haeberlin, um alsaciano. Esse encontro abriu para Witzigmann as portas do Auberge de l'Ill – localizado na cidadezinha de Ilhäusern, na Alsácia –, então uma estrela ascendente no céu da alta gastronomia. Na seqüência, e com a segurança adquirida nessa experiência, Witzigmann tratou de aprofundar seus conhecimentos sob o comando de outras estrelas do firmamento Michelin: após o estágio com Haeberlin, foi trabalhar com Bocuse e depois com os irmãos Troisgros.

Em 1971, retornou para a Alemanha – muitos afirmam, maldosamente, numa missão desenvolvimentista humanitária. Porém Ecki, como era chamado pelos amigos (e em breve por toda Munique), não só não precisava copiar a nouvelle cuisine como ajudou a desenvolvê-la. E, naqueles tempos, isso não era assim tão fácil – o seu slogan "o produto é a estrela" era algo mais fácil de ser citado do que implementado. Verduras, carne e aves de primeira praticamente não existiam na Alemanha. Além disso, a crise do petróleo e a crise econômica do início dos anos 70 agravaram ainda mais a situação do abastecimento. E, apesar do trabalho pioneiro de Eckart Witzigmann, a Alemanha não era a França, cercada por três mares e onde os clientes sempre estiveram dispostos a gastar mais com comida.

Naquela época, entretanto, um trem expresso três estrelas passou a sair todas as noites da Borgonha – uma região quase na fronteira leste da França – para chegar ao amanhecer ao grande mercado Les Halles, em Paris, e depois a Rungis, a fim de comprar os ingredientes especiais antes da concorrência (o que uma pessoa de Munique não conseguiria fazer nem dirigindo uma Ferrari). A criação de um serviço expresso de entrega de gêneros alimentícios desse tipo na rota Munique-Paris-Munique ainda levaria alguns anos.

Nessa época, Witzigmann já havia inventado a sua versão germano-austro-bávara da nouvelle cuisine no restaurante Aubergine, em Munique, que lhe trouxe, um ano após a inauguração, as almejadas três estrelas do Michelin – tratava-se do primeiro cozinheiro fora da França a ser assim agraciado – e lhe garantiu fama internacional. Claro que Witzigmann tinha amplo domínio do menu de oito pratos – da lagosta nobre ao frango de Bresse –, e talvez isso já bastasse para Munique. Contudo, o chef austríaco também refinou clássicos da cozinha alemã, como peito de vitela, chucrute ou almôndegas com purê de batatas, transformando-os em uma experiência totalmente nova para o paladar. E isso estava de acordo com os objetivos dos criadores da nouvelle cuisine, de Chapel a Guérard: não apenas administrar produtos nobres, mas recriar produtos do dia-a-dia.

O mestre Ecki é uma pessoa sentimental, de bom coração e dócil, exceto quando algo dá errado. Nessas horas, ele comanda em dialeto os seus subordinados como se fosse um primeiro-sargento: "Larga essa droga e continua fazendo o que você tava fazendo, que também não é grande coisa". Ele martela constantemente na cabeça da sua equipe: "O menor deslize pode nos custar uma estrela". Não tolera de jeito nenhum a falta de preocupação com os detalhes nem o descuido com os ingredientes. Apesar disso (ou talvez exatamente por causa disso), jovens estudantes faziam fila para se tornarem seus aprendizes. E ele formou toda uma geração de cozinheiros famosos que posteriormente receberam estrelas: Johann Lafer, Alfons Shuhbeck, Hans Haas, Alois Köpf e o seu melhor aluno, Heinz Winkler, que o sucedeu no Tantris e logo também recebeu três estrelas.

As celebridades idolatravam Witzigmann: o goleiro Gerd Müller, o orgulho do futebol de Munique, aparecia para comer a sua bisteca. Todo mundo que fosse alguém se encontrava no Ecki. Tudo o que ele tocava virava ouro. Assim como o seu mestre Bocuse, ele não era apenas um cozinheiro, mas uma celebridade que era convidada para programas de tevê, autografava os seus livros de culinária e recebia honrarias. Obsessivo, ele tinha uma jornada de trabalho de 16 a 20 horas, e teria trabalhado até 26 horas por dia se isso fosse possível.

Até que em 14 de maio de 1992, às seis horas da manhã, a desgraça – leia-se a polícia – bateu à sua porta com um mandato de busca. Uma ex-namorada desiludida o havia denunciado porque sabia que na casa de Witzigmann sempre havia um pouco de cocaína. Os ricos e famosos de Munique gostavam de ostentar. "Cheiradas" as pessoas se sentem extremamente criativas, às vezes ficam até megalomaníacas, e, entre outros efeitos, ela tira o sono. Independente do mal que se insinuou que ele tenha causado à sociedade, Witzigmann manteve a sua cozinha numa ordem impecável, mesmo durante a fase da coca.

Porém, as autoridades não quiseram e também não puderam entrar nesse mérito. Passaram-se dois anos amargos até a sua condenação por "atentar contra a lei de entorpecentes", mas ele foi beneficiado com a suspensão da aplicação da pena. Grandes patrocinadores pularam fora. Por exemplo, um fabricante alemão de equipamentos para cozinha e um produtor de refeições prontas. Pré-contratos com patrocinadores foram parar no lixo – e o pior aconteceu: Eckart Witzigmann perdeu a licença de funcionamento do seu Aubergine. "A geladeira está cheia, mas a eletricidade se foi", comentou amargamente naquela época.

Ele já não era mais o "queridinho de todo mundo". Entretanto, é na crise que se reconhecem os verdadeiros amigos. O seu ex-aluno Alfons Schuhbeck entrou com um pedido de licença de funcionamento para o Aubergine. Witzigmann pôde pelo menos continuar cozinhando. Os seus amigos franceses também deram a sua contribuição para evitar a destruição de uma lenda viva. Gault Millau, o guia da nouvelle cuisine, não apenas lhe concedeu 19,5 pontos – a maior pontuação na época – como o nomeou o "cozinheiro do século"; uma honra que até aquele momento só havia sido concedida a três cozinheiros excepcionais: ao suíço Fredy Girardet e aos franceses Paul Bocuse e Joël Robuchon. Tal honraria agora era concedida também a Witzigmann por ter retirado a sua nova pátria da Idade da Pedra culinária, transformando-a no país com o maior número de chefs detentores de estrelas depois da França.

Em 2007, além de Heinz Winkler, discípulo exemplar de Witzigmann, a Alemanha tinha outros cinco cozinheiros três estrelas: Harald Wohlfahrt, Dieter Müller, Joachim Wissler, Christian Bau e Helmut Thietges. Em sinal de agradecimento, a Academia Alemã de Culinária patrocina desde 2004 o Prêmio Eckart Witzigmann para as categorias "Grande Arte de Cozinhar", "Literatura, Ciência e Mídia" e "Futuros Talentos da Gastronomia e Fomento dos Talentos". O primeiro a receber esse prêmio foi Marc Haeberlin, filho do antigo mestre de Witzigmann. No ano seguinte, o prêmio foi concedido a Ferran Adrià pela criação de delícias raras, juntamente com

Günter Grass, que recebeu o prêmio na categoria literatura. "No momento, ele é uma unanimidade como o cozinheiro mais criativo e influente", assim justificou Witzigmann a sua decisão enquanto membro do júri do prêmio.

E, nesse meio-tempo, o sol voltou a brilhar para Witzigmann também no âmbito financeiro. Ele é consultor de um projeto em Mallorca, coordena o teatro restaurante Witzigmann & Roncalli Banjazzo e coordena diversos chefs internacionais que se revezam no restaurante Ikarus, em Salzburgo. Além disso, ele acompanha a nova onda de programas de culinária na Alemanha. Pelo menos dois dos seus discípulos são presenças constantes no programa "Kerner kocht", ou "Kerner cozinha": o austríaco Johann Lafer e Alfons Shuhbeck, bávaro da gema. "Todos ganham com isso", disse o antigo chefe dos dois. "Chega de dizer para as pessoas que tudo é tão fácil de se fazer."

Food-business

Nova York, fevereiro de 1985

Tratava-se da apresentação do *dream team* da culinária francesa – ou melhor, da culinária mundial – à imprensa americana. Alain Chapel, Paul Bocuse, Jacques Maximin e Roger Vergé – totalizando onze estrelas e três novos projetos que eles queriam apresentar aos jornalistas: Maximin negociara com o Hotel Waldorf-Astoria a abertura de um restaurante nos Estados Unidos, Vergé negociara com investidores e Bocuse presenteou os clientes durante um jantar com louças estampando cenas de Collonges-Mont-d'Or, o lugarejo na Borgonha onde está localizado o seu restaurante. Como de costume, Alain Chapel mostrou-se reservado quando as perguntas eram de cunho pessoal, mas loquaz ao falar sobre a cozinha americana, que naquela época absorvia a nouvelle cuisine como uma esponja. "Não se pode falar em uma 'nova' cozinha americana porque primeiro é preciso ter uma tradição para depois renová-la. E aqui não há tradição."

Uma declaração desse teor já seria o suficiente para magoar os eufóricos seguidores da nouvelle cuisine, mas Maximin ainda acrescentou: "Na verdade, o 'New American Cooking', a nova cozinha americana, é comida francesa com ingredientes americanos. E falta prática aos jovens cozinheiros americanos". Somente Vergé afirmou generosamente que um dos mais conceituados cozinheiros norte-americanos, Lawrence

Forgione, "demonstra ter certa tradição". Bem, pelo menos os ingredientes americanos melhoraram com o passar do tempo.

Porém, por medida de precaução, as estrelas da culinária levaram os próprios ingredientes para a apresentação de gala: flores congeladas de abobrinha com lagosta (Vergé), trufas negras por nove mil dólares (Bocuse), coxa de rã com feijão branco (Chapel). Já que não se tinha certeza se o avião de *Monsieur* Lenôtre – o grande chef pâtissier daquela época – chegaria a tempo com a sobremesa, o chef da Casa Branca teve permissão para preparar a torta para o aniversário de 59 anos de Bocuse. Era assim na época das superestrelas da culinária. Os imperadores da cozinha eram presunçosos – e os anfitriões se curvavam diante deles.

Se antigamente não se falava em dinheiro no mundo da alta gastronomia (porque os cozinheiros simplesmente não o tinham), isso mudou com o surgimento da nouvelle cuisine. Algumas das estrelas da culinária ganhavam tanto que nem queriam falar sobre o assunto, embora somente poucos cozinheiros três estrelas pudessem viver exclusivamente da culinária. Até na França, onde existem mais de vinte cozinheiros altamente premiados, poucos restaurantes são administrados com lucro – hoje esses estabelecimentos são em ainda menor número do que naquele tempo.

No El Bulli de Adrià não é diferente. Apesar do fenomenal sucesso internacional, o balanço anual oscila dramaticamente no vermelho. Já que o restaurante serve um jantar para apenas 45 pessoas e não costuma funcionar no almoço – e isso somente durante um semestre por ano –, as mesas são ocupadas anualmente por apenas por oito mil clientes. Já no restaurante do francês Marc Veyrat, cerca de trinta mil clientes por ano pagam por refeição o dobro do preço do El Bulli. Isso significa – em um cálculo por alto – que Veyrat ganha oito milhões de euros a mais no seu Auberge de l'Éridan, em Annecy.

Contudo, Veyrat também não é um homem rico. O autodidata da região francesa de Haute-Savoie, nascido em 1950, está sempre endividado e quase declarou concordata em 1996. Exatamente o ano em que recebeu as três estrelas pelo seu restaurante. Mas ele sabe se virar muito bem. Sempre que o dinheiro acaba e os bancos não querem mais lhe dar crédito, Veyrat inicia uma campanha na imprensa acusando os banqueiros de quererem "acabar com os artistas honestos". E assim ele obtém um novo prazo.

Será que a culinária três estrelas deixa as pessoas pobres? Não se o proprietário do restaurante consegue encontrar patrocinadores para a sua alta gastronomia, que subvencionem a sua culinária artística. Paul Bocuse ganha dinheiro, ou melhor dizendo, a marca "Bocuse" ganha. Ele invadiu Lyon com a sua cadeia de brasseries, cujos nomes pouco criativos são Nord, Sud, Est e Ouest. O acionista majoritário da rede movimenta doze milhões de euros. O restaurante Bocuse, de três estrelas, tem uma receita de dez milhões de euros, mas não tem lucro. Na brasserie Nord trabalham cinqüenta funcionários, para receber 350 clientes. Em um restaurante três estrelas, a relação tem que ser de cinqüenta funcionários para cinqüenta clientes, que é a regra geral para quem quer manter as três estrelas brilhando ao lado do seu nome. Isso significa que as grandes brasseries – que têm menos empregados, cobram bem menos que 80 euros por um menu e cujos ingredientes podem ser adquiridos em um mercado comum – têm uma melhor relação custo-benefício.

Aclamado como o cozinheiro mais conhecido do mundo, o octogenário Bocuse não faz nenhum segredo sobre os seus planos de negócios: "Não me resta muito tempo para ganhar dinheiro. Recebo várias propostas de negócios todos os dias, mas sou caro – e muito voraz." Ele fundou uma holding que inclui os seus contratos de publicidade e a sua escola de culinária, entre outras atividades. Mas a sua grande sacada foi a criação do concurso de culinária "Bocuse d'Or", considerado o prêmio de culinária mais importante do mundo. Assim, o *patrino* da alta gastronomia continua dando as cartas nos negócios.

Ferran Adrià também foi obrigado a dar um jeito de enfrentar os resultados no vermelho. Firmou um contrato para que a indústria de gêneros alimentícios financie a sua aventura no El Bulli. Em 2007, teve cerca de vinte parceiros comerciais com os quais desenvolveu refeições prontas para supermercados. "Isso também pode ser muito interessante para o El Bulli, pois é um tipo diferente de preparação de alimentos, com outros ingredientes, outros efeitos", afirma. Na verdade, não é nada demais servir alguns milhares de refeições três estrelas ao redor do mundo. "O grande desafio é justamente aquela enorme fatia da população que prefere pagar conta de celular a comprar verduras e carnes de qualidade razoável." Nesse ponto, ele encara as comidas prontas como um campo promissor. Para Adrià é importante criar fast-food de qualidade.

Fast-food também pode ser saudável e apetitosa, declarou em 2004. Associado ao grupo hoteleiro espanhol NH, ele queria criar um restaurante que servisse hambúrgueres de qualidade; contudo, o preço era o dobro do que o do concorrente norte-americano. Não há nenhuma novidade nisto: preparar um hambúrguer usando carne moída do melhor gado espanhol (com molho de azeite oliva), frango frito sabor limão, gaspacho (com manjericão), salada com mozarela e nozes tem o seu custo. Não foi fácil para Adrià lidar com a linha de fast-food nobre. Ele precisou de oito meses para criar as batatas fritas perfeitas com as batatas perfeitas – e, sobretudo, em quantidade suficiente. Fast Good é o nome da nova lanchonete aberta em Madri, que tinha só um problema: o atendimento não era muito rápido e sempre havia longas filas na frente do estabelecimento, embora o menu de hambúrguer e fritas chegasse a custar quinze euros. Depois de inaugurar três Fast Goods – dois em Madri e um em Santiago do Chile –, deveriam abrir outras dezesseis filiais na Espanha e, a partir de 2008, também no resto da Europa. Para Adrià, trata-se de um negócio paralelo que também tem o seu preço. "Se eu tiver que dar quatro dias a cada um dos meus vinte parceiros comerciais – o que não seria muito, tendo em vista o investimento por eles feito –, isso me tomaria três meses por ano." Entretanto, esse é o preço da sua liberdade artística no El Bulli.

Michel Guérard, que lhe serviu de exemplo, foi um pioneiro na busca de patrocinadores e na promoção do seu próprio marketing. O chef pâtissier queria comprar uma estação de águas (mesmo não sendo mais muito movimentada) que ficava próxima à propriedade herdada pela sua esposa. Porém, no momento em que se associou com a Nestlé para fazer uma reformulação total nas sobremesas da marca, especialmente nos sorvetes, surgiram críticas de todos os lados. Mais tarde, mesmo os seus maiores críticos acabaram por imitá-lo. Mas ninguém jamais conseguiu repetir o sucesso do seu livro *La cuisine gourmande*. A obra foi publicada em treze idiomas e vendeu um milhão de exemplares, o que lhe rendeu no mínimo quatro milhões de euros. Além disso, ele fundou uma sociedade que administra a estação de águas de Eugénie-les-Bains, que movimenta vinte milhões de euros, e ainda comprou um vinhedo.

Mas isso tudo é brincadeira se comparado à receita de Alain Ducasse. Numa época em que os chefs de cozinha tiveram que se endividar para poderem ser independentes, ele se tornou um imperador global sem ter que investir nenhum centavo. Geralmente ele é contratado por investidores ou proprietários de hotéis para fazer projetos, inclusive fornecendo os cozinheiros, que, claro, aprenderam o ofício com ele. Somente a Essex House, em Nova York, ele pagou com dinheiro do seu próprio e polpudo bolso. Hoje, Ducasse administra cerca de vinte restaurantes (nem ele sabe exatamente quantos são), uma rede de hotéis e escolas de culinária – ou seja, um dos maiores impérios culinários do mundo – e é o único cozinheiro três estrelas que não é mais visto na cozinha. O seu slogan, de difícil tradução, é "*Savoir, faire savoir et savoir-faire*", um belo jogo de palavras em francês. Literalmente, significa: primeiro se adquire o conhecimento, depois repassa-se esse conhecimento aos colaboradores e então se vende o *savoir-faire*. Ele também comercializa o seu saber por meio de livros, como a sua enciclopédia culinária *Le grand livre de cuisine*.

Não se sabe quanto Ducasse ganhou ao longo dos anos. Contudo, a revista americana de economia que traz o emblemático nome de *Fortune* (riqueza) colocou-o na lista dos cem homens mais ricos do mundo. Ducasse sabe o seu valor. "Não quero fazer propaganda de gravatas e não quero de jeito nenhum que a minha cara acabe aparecendo em uma faixa de supermercado, junto a pacotes de pregos e a papel higiênico." Ele pode se dar ao luxo de não fazer comerciais – talvez um verdadeiro luxo no reino das três estrelas.

O fabuloso mundo de Ferran Adrià

Dias tranqüilos no El Bulli

Por algum tempo correu o boato de que Ferran Adrià não sabia fazer "comida normal". Claro que isso não é verdade. Adrià cozinhou durante quatro anos o que corresponderia hoje a uma cozinha clássica de altíssimo nível. Somente mais tarde ele se tornou o cozinheiro inovador que revoluciona o cardápio a cada ano. Em março de 1984, quando Adrià começou no El Bulli como um cozinheiro entre muitos, a nouvelle cuisine ainda era a última moda na Espanha. Quem se considerava de vanguarda seguia os passos dos semideuses da culinária parisiense. O El Bulli não era uma casa excêntrica, mas um restaurante duas estrelas. Nenhum outro restaurante na Espanha tinha uma nota melhor no Michelin. Contudo, apenas cinco meses após a sua inauguração, o chef Jean-Paul Vinay deixou o El Bulli para abrir o seu próprio restaurante e levou também a sua esposa, que era chef pâtissier, e outros três cozinheiros.

Uma situação difícil, mas não desesperadora, para Juli Soler, que, durante os seus anos em Cala Montjoi, criou o seguinte princípio: "Caso um cozinheiro ou um maître deixe o El Bulli, isso não deve ser um grande problema". A equipe é a grande estrela. "Se todos compartilharem a mesma filosofia e fizerem um trabalho de primeira, qualquer um pode ser substituído." Isso foi mais fácil dizer do que fazer, já que com a saída de Vinay ficaram no banco de reservas somente um novato inexperiente de 23 anos e o até então subchef, Christian Lutaud, que nunca havia chefiado uma cozinha. Soler foi louco o suficiente – e, assim como ele, os seus reservas – para ousar promover Lutaud e o ex-aprendiz Adrià a chefs de cozinha. O caso de Lutaud ainda é aceitável, mas o caso de um aprendiz com apenas cinco meses de casa que passa a liderar a cozinha de um restaurante duas estrelas é inédito – até hoje único.

Após a perda das estrelas no Michelin de 1984, o número de clientes do El Bulli diminuiu drasticamente. Entretanto, ao contrário de Soler, os dois novatos ficaram satisfeitos porque o movimento estava calmo de outubro de 1984 a janeiro de 1985. Os novos chefs de cozinha aproveitaram para organizar, juntamente com o turista gourmet Hans Schilling, excursões à terra prometida – a França –, comeram nos restaurantes de Vergé, Pic, Gagnaire e dos irmãos Troisgros, pernoitando na casa de parentes e amigos para economizar. Mesmo assim, foi uma viagem bastante cara, não só por causa do dinheiro gasto em restaurantes, mas porque os novos chefs do El Bulli compraram pelo caminho diversos livros sobre os deuses da nouvelle cuisine.

Eles até conseguiram trabalhar – como aprendizes – para alguns dos seus ídolos. Adrià estagiou por algumas semanas no restaurante de George Blanc e, mais tarde, no de Jacques Pic. Ambos ídolos da nouvelle cuisine. George Blanc, cujo restaurante, que leva o seu nome, situa-se em Bresse, na Borgonha, achou Adrià um cozinheiro calmo e conservador, mas com um acabamento moderno. No restaurante de Pic, situado em Valence, no sul da França, Adrià teve a oportunidade de contemplar toda uma dinastia de cozinheiros. O pai do seu mestre havia conquistado as três estrelas nos anos 20. E Jacques ainda fez a fama familiar crescer manipulando com perfeição ingredientes perfeitos. Em 2007, sua filha mais nova, Anne-Sophie Pic, também conquistou três estrelas.

Christian Lutaud fez um estágio de curta duração com os irmãos Troisgros. Provavelmente, Adrià e Lutaud foram os primeiros chefs com estrelas da história da culinária a estagiar sob a batuta de outros colegas estrelados. Por esta razão, nos três anos seguintes, o cardápio do El Bulli, comandado pelos dois, apresentou quase que exclusivamente pratos da nouvelle cuisine e clássicos da cozinha catalã. Nada de fazer experiências para não afugentar a clientela.

A equipe do El Bulli descreve essa primeira fase do seu trabalho como uma época de harmonia quase idílica. Depois do expediente, eles ainda tinham energia para se divertir nos clubes e discotecas de Roses, como o Chic, Si Us Plau, Rachdingue ou Picasso. Eles também ficavam até altas horas no *trailer* estacionado na frente do restaurante, planejando (deve-se dizer isso em sua defesa) coisas novas e surpreendentes, mas que não levassem o El Bulli à ruína. Às vezes, os bullianos se esparramavam pela areia da praia. Nessas ocasiões, Ferran Adrià se tornava naturalmente o líder da equipe (o que ainda não era tão claro na cozinha).

Em março de 1985, Adrià contratou seu irmão, Albert, para reforçar a cozinha do El Bulli. Albert recém completara quinze anos e não tinha certeza se "havia tomado a decisão certa ao vir para o El Bulli", conta o atual diretor da equipe de criação. A sua dúvida foi ainda maior quando Ferran lhe apresentou Soler, que Albert classificou como "um sujeito magricela e inquieto" que lhe bombardeou com perguntas que não houve jeito de ele entender. Albert desconfiou que a recepção bizarra era para deixar claro de saída que – como irmão do chef de cozinha – não teria uma vida fácil.

Seja como for, ele não teve privilégio algum. O seu "quarto" era um aposento minúsculo próximo à praia onde mal cabia uma cama; na verdade, era a metade de um *trailer*. Entretanto, quando Albert abriu a janela na primeira manhã e avistou o mar, observou que mesmo uma liberdade de apenas oitenta centímetros por um metro e oitenta também era liberdade e se perguntou o que essa liberdade lhe proporcionaria naquele lugar. Ele não se chamaria Adrià se não lhe viesse à mente a seguinte resposta: "Discotecas, festas e garotas!". A idéia não se concretizou – o que já virou uma tradição familiar.

No embalo das experiências

Caso uma história da criatividade gastronômica um dia venha a ser escrita, ela com certeza começará por Currito, um restaurante de luxo em Madri. Os dois chefs do El Bulli, que ocasionalmente espionavam a concorrência, foram lá e pediram perdiz marinada, um clássico centenário da cozinha ibérica raramente servido em restaurantes mais sofisticados. O escabeche de perdiz tinha a aparência de sempre – como se a ave tivesse se chocado com um poste em pleno vôo e caído direto no prato – e o sabor de sempre: ou seja, não estava nada mal. Mas será que não havia um percurso mais digno para a ave chegar até o prato?

Adrià e Lutaud resolveram preparar a perdiz marinada a partir da mesma receita, mas cozinhá-la de uma forma totalmente distinta, e começaram a "brincar" com a ave. Asas e ossos vão direto para o lixo, a carne branca vai para o liquidificador juntamente com abobrinha, cenouras frescas, aspargos, alho-poró e cebolas. Então, Adrià fez algo que até hoje não pode explicar racionalmente: transformou a perdiz clássica com... carne de lagosta. Será que o primeiro cliente-cobaia mandaria devolver à cozinha, indignado, a perdiz-lagosta, que visualmente não era identificável? Ele não o fez, nem o segundo cliente, nem o terceiro, nem o centésimo. *Olé!* Eis que surgia um novo prato.

"Por que o sorvete sempre tem que ser doce?", perguntou-se Adrià um dia. Então preparou um sorvete normal, só que no último instante ele substituiu o açúcar pelo sal. O resultado foi um sabor de fruta com divinas notas minerais. Nesse caso, o fator decisivo não é o sabor, o sabor só se torna espetacular pelo impacto da quebra de expectativa. O olho sinaliza para o cérebro: "Sorvete, gelado, doce". O cérebro se prepara automaticamente para um sorvete normal. Trata-se do momento de desorientação – sorvete, gelado, salgado? SALGADO!!! – que Adrià aguarda ardentemente.

A partir desse momento, o chef de cozinha catalão começou a fazer experiências na busca obsessiva pela milagrosa multiplicação do sabor. Ele fez experiências com cactos, com papel para embalar verduras e – por que não? – com sorvete *quente*. Isso era free jazz, punk, opereta, pintura abstrata ou tudo ao mesmo tempo – em pouco tempo não havia mais nenhum tabu para Adrià. Inspirações loucas e ocasionais, brincadeiras em tempos de cozinha vazia não mais lhe bastavam. Simplesmente tudo o que ele servisse aos clientes deveria surpreendê-los. "Tudo o que queríamos era inventar novas histórias, e também um novo estilo narrativo, portanto tínhamos também que redefinir a nossa opinião em relação aos ingredientes", conta Adrià. Primeiro, os chefs-pesquisadores do El Bulli decidiram que passariam a encarar todos os ingredientes com um novo olhar. Sem preconceito. Mesmo no caso de uma fruta aparentemente tão conhecida como a manga, eles queriam investigar exaustivamente: o que sabemos sobre ela?, que idéia ninguém teve ainda?, como podemos utilizá-la?

No caso da manga, acontece mais ou menos o seguinte: ela apresenta nuances de sabor que vão da banana ao maracujá, devido ao conteúdo balanceado de acidez e açúcar presta-se para combinações e, ao contrário de outras frutas, não oxida fácil. Se cortada em fatias bem finas, lembra massa al dente ao ser mordida. Isso tudo ocorre com os sessenta tipos de mangas. Mas qual é então o gosto essencial da manga, que aparece na polpa, na manga congelada, assim como na manga frita, e que pode ser identificado na mistura com outros ingredientes?

Adrià supõe que uma motivação importante para a curiosidade do pesquisador é o fato de esse sabor essencial ser armazenado isoladamente no cérebro humano, o que fez a sua equipe chamar tal sabor de "gene". Há genes mais fortes e outros mais fracos. Por exemplo, o gene das ervas é relativamente fácil, enquanto que o de diferentes tipos de peixes é surpreendentemente difícil de ser identificado.

A partir de 1994, o sonho da equipe passou a ser tornar os sabores originais da natureza ainda mais fortes. Eles tentaram produzir gelatina de manjericão que tivesse "tanto sabor quanto uma folha verde" – está protocolado no diário do El Bulli, onde Adrià e equipe registram meticulosamente todas as novas experiências e receitas. Buscaram criar um sorvete de aspargo, cujo sabor fosse tão intenso quanto o das pontas do legume. O principal objetivo dos bullianos era não somente brincar com a matéria-prima, mas também responder à seguinte questão: "Como modificar um ingrediente de modo a obter o melhor do seu sabor?". Por esse motivo eles acharam que fazia cada vez menos sentido tentar fazer experiências com peixes. "Se quisermos comer o peixe perfeito, vamos ao nosso restaurante preferido de Roses. Ninguém prepara o peixe com um sabor melhor do que aquele – por que então modificá-lo?", questiona Adrià.

Em uma das fases de suas experiências, os bullianos resolveram liberar da camisa-de-força abóboras, cenouras, tomates e beterrabas. "Esses vegetais geralmente são classificados como pertencentes ao grupo dos salgados, mas – do ponto de vista dos seus 'genes' – eles são doces", consta no diário da equipe de criação. A cada questionamento crítico daquilo que já estava estabelecido, geralmente se abriam diversas novas possibilidades de preparação.

Dispostos a abrir novos horizontes para as suas fantasias, os cozinheiros do El Bulli começaram a fazer viagens de trabalho a terras distantes, principalmente a partir do momento em que decidiram fechar o restaurante seis meses ao ano para ter mais tempo para realizar suas experiências e desenvolver as novas criações. Em 2001, eles visitaram e estudaram a culinária de diferentes países da Ásia, onde encontraram uma fonte inesgotável de novos prazeres. Na primeira viagem ao Japão, visitaram uma fábrica artesanal especializada na produção de nata de leite. O leite de soja forma uma nata após ser exposto por vinte minutos a uma temperatura de 70ºC. Os trabalhadores japoneses retiravam a nata do leite de soja com muito cuidado e a penduravam para secar. "Por que não fazer isso também com o nosso leite de vaca?", perguntaram-se os irmãos Adrià e fizeram o teste com leite longa vida desnatado e com leite fresco. O leite longa vida foi o que se prestou melhor para tal experimento. Os bullianos imaginaram o que poderiam fazer com essa nova consistência, e criaram ravióli, omelete e até mesmo crepes. Um marco no desenvolvimento dessa nova concepção foi chamado de "canelone de nata com gelatina de milho, caramelo e manteiga".

Em outra viagem ao país do sol nascente, Ferran Adrià encontrou inspiração para criar uma nova forma de preparar peixes. Informantes de confiança haviam lhe recomendado um lugar onde ele encontrou pilhas de louça suja. Seria esse o tão afamado restaurante que servia especiarias? – perguntou-se, irritado, achando que não tinha lido direito a placa com o nome e se enganado de endereço. Até que lhe serviram um fígado de tamboril (na verdade, só havia isso no cardápio) que lhe deixou boquiaberto. Fazendo uso da mímica, além de vários intermediários em vários idiomas, ele perguntou sobre o modo de preparo. Simplesmente se retiram as veias do tamboril, depois se põe o fígado a sangrar numa água com leite e gelo, seca-se, tempera-se, resfria-se por 45 minutos, lava-se o fígado mais uma vez com água e gelo, cozinha-se cada um dos lados no vapor por sete minutos e coloca-se novamente na geladeira (a receita era ainda mais longa em japonês). Tempos depois, Adrià o transformou em "*terrine* de fígado de tamboril com ar de Ponzu e purê de casca de tangerinas". Tornou-se um sucesso também no Ocidente.

De uma outra viagem gastronômica para o Japão, Adrià e sua equipe trouxeram o yuzu, uma fruta cítrica do tamanho de uma tangerina. Não foi somente o sabor fresco e único da fruta que os deixou inebriados – eles ficaram ainda mais impressionados com a casca. A partir desse momento, Adrià declarou informalmente o ano de 2003 como o "ano da casca de yuzu". A fruta apareceu em nada menos do que seis pratos, por exemplo, no "cérebro de coelho empanado com yuzu e pistache" ou na "gelatina quente de fígado de pato com cuscuz de cevada verde ao azeite de argan e casca de yuzu"; este último, um aperitivo – chamado tapa na Espanha – que ocupa bem menos espaço no prato do que o seu nome.

A "múmia" citada anteriormente, que é um espinhaço de salmonete frito envolto em algodão-doce, também foi inspirada em um prato japonês. Durante a preparação, o principal é encontrar o ponto de fritura certo para que o espinhaço fique bem crocante, por isso a cabeça minúscula do salmonete, servida junto, também é decisiva.

Graças a um estagiário mexicano do El Bulli, Adrià descobriu as maravilhas de um figo-da-índia, chamado Nopal, também existente na região do Mediterrâneo cujo fruto e folhas são interessantes do ponto de vista culinário. Para que as folhas liberem um líquido viscoso, elas são cozidas em água com bicarbonato e então são finamente cortadas. O novo prato se chama "figo de cactos, cuscuz de cevada verde, pérolas de frutas cítricas e iogurte". Em outra ocasião, Adrià serviu as folhas do cactos com filé de cavala.

Os bullianos desenvolveram uma idéia totalmente nova na culinária, a chamada "esferização", que é a "gelificação controlada de um líquido misturado com alginato que é então misturado com cloreto de cálcio". Em outras palavras: todo purê, todo líquido pode criar uma pele consistente e arredondada, semelhante à do caviar. O que parece química de colégio para os não-iniciados deixou Adrià em um "estado de excitação por causa de algo novo, um momento mágico como só ocorre poucas vezes ao ano". Para se compreender isso, é preciso saber um pouco de química de alimentos. O alginato é extraído de algas marrons existentes em quase todos os mares gelados. Ele é utilizado como espessante e gelificante na indústria de gêneros alimentícios. Já o cloreto de cálcio é utilizado na fabricação do queijo. Isso não é nenhuma novidade. Para os bullianos, contudo, essa nova técnica significa brincar de inventor. Ela permite, por meio da "esferização", que o conteúdo de uma fruta – como o melão, por exemplo – que no liquidificador vira líquido seja envolvido por uma membrana. Portanto, pode-se criar bolinhas de lichia e depois deixá-las boiando em uma sopa, ou então fazer ravióli de ervilhas ou manga, caviar de melão amarelo ou bolinhas de água de rosas.

Adrià não vê nenhum risco de esse tipo de experiência bulliana vir a dar errado, pelo contrário. Para ele, é a demonstração de "uma radicalização dos nossos ideais de cozinha. Quanto mais idéias, técnicas e novos pratos tivermos descoberto e registrado, mais possibilidades surgirão. O que nos frustra é não podermos incorporar *mais* novidades de outros cozinheiros".

A bioquímica da felicidade

"Felicidade" é uma palavra comprida que designa exatamente aquilo que Adrià, com a sua arte culinária, promete aos clientes: *felicidat*. Ele não quer que o termo seja traduzido por "sentimento de felicidade" ou "momento de felicidade". "Felicidade é felicidade, tanto faz em que idioma." Ele não é o único entre os cozinheiros da alta gastronomia que promete a felicidade. Encontramos a mesma promessa em Fernand Point, Alain Chapel – e agora também em Ferran Adrià. Todos os cozinheiros demonstram tanta segurança ao afirmarem a sua pretensão de gerar felicidade quanto se lhes perguntássemos sobre a cor do seu cabelo.

Há mais de três mil anos que a humanidade se pergunta sobre a essência da felicidade. Mas em que parte do cérebro exatamente nasce a felicidade? Será que esse sentimento pode ser comprovado cientificamente? No seu best-seller *Satisfaction*, publicado em 2006, o neurologista americano Gregory Berns, estudioso da felicidade, a descreve como uma certa inquietação interna: o desejo insaciável pelo novo. O cérebro, principal órgão regulador do humor, quer receber estímulos, tem sede de informações, informações *novas*, tensão, surpresa. Também ao comer. A substância que estimula a felicidade se chama dopamina. Ou, pelo menos, o neurotransmissor dopamina é a manifestação química da motivação. Já se sabe há algum tempo que esse neurotransmissor é liberado durante atividades agradáveis:

durante uma boa refeição, durante o sexo, na prática de esportes, ao se fumar haxixe. Contudo, nos anos 90, descobriu-se por meio de novas tecnologias que a dopamina também é liberada em ocasiões dolorosas: quando se leva um choque elétrico, quando se ouve barulho de marretadas ou quando precisamos servir aos convidados um suflê de queijo que não ficou bom. De modo que estava encerrada a carreira da dopamina como uma substância que só traz a felicidade.

O estímulo para a liberação de dopamina no organismo não era mais o desejo, mas a surpresa, a atração causada pelo novo (mesmo que fosse um acontecimento negativo). A explicação para o funcionamento da dopamina é que esse neurotransmissor predetermina a nossa psique para uma de várias reações possíveis. A sensação de satisfação não é obtida quando alcançamos um objetivo, mas quando superamos um obstáculo para atingir esse objetivo. A dopamina é uma reação ao estímulo antecipado provocado pela novidade. Portanto, o caminho para a felicidade reside na satisfação constante da curiosidade. E é isso o que Ferran Adrià faz. O neurologista americano formula a questão da seguinte maneira: "Depois que o pedido é feito ao garçom, a tensão sobe até que a comida chegue à mesa, a pessoa a veja e a experimente. Então a pessoa se recorda de onde conhece o sabor...". Ou talvez ela nunca tenha experimentado tal sabor antes...

Nós ficamos satisfeitos quando conseguimos resolver algo imprevisto ou quando solucionamos um desafio inesperado, seja ele emocional ou físico. E foi exatamente isso que fez com que o homem evoluísse. Aquele que reagisse mais rapidamente a imprevistos teria uma probabilidade menor de se tornar presa de mamutes, tigres e serpentes. O cérebro tem sede de saber por puro instinto de sobrevivência. E por ser um refinamento do saber, a curiosidade gera o desejo, ao menos a possibilidade, de se viver uma experiência excitante. Seguindo essa mesma linha de raciocínio, quando comemos, a sensação de felicidade não surge a partir da repetição da comida conhecida de que gostamos, mas da alegria despertada pela surpresa, quando havíamos nos preparado para outra coisa.

Portanto, o caminho para a felicidade tampouco é uma estrada em linha reta. O problema é a chamada "esteira hedonista": alegria, felicidade e satisfação também podem sofrer um desgaste e se esgotar. Quanto maior a freqüência com que somos submetidos a um estímulo, menos satisfação gera essa exposição. As questões que surgem são: com que freqüência a nossa comida preferida nos deixa entusiasmados? Uma vez ao ano? Uma vez por mês, uma vez por dia, por hora? Com que velocidade?

O best-seller de Gregory Berns talvez explique também outro fenômeno: por que o cozinheiro mais festejado do mundo trabalha quinze horas por dia há mais de vinte anos e não possui nem carro próprio nem uma mansão de luxo? A resposta é simples: porque o estímulo causado por Ferraris e mansões de luxo perde a força na "esteira hedonista" na medida em que objetivos materiais deixam de ser atrativos tão logo sejam alcançados (com exceção, é claro, de uma renda mínima). Adrià se dá ao luxo de desfrutar algo muito melhor, o inestimável estímulo do novo. Quinze horas por dia, trezentos e sessenta e cinco dias por ano de "felicidade"!

Dança das moléculas

Uma gastronomia que estimula o conhecimento

Nicholas Kurti (1908-1998) foi um dos representantes mais significativos da física de baixa temperatura do século XX. Judeu húngaro expulso de Budapeste pelos nazistas, ele lecionou em Oxford e foi vice-presidente da Real Sociedade Britânica, reservando à culinária um lugar de honra no seu coração. Na sua opinião, a cozinha merecia a consagração de uma ciência interdisciplinar. Contudo, ele estava sozinho nesse caminho. Em 1969, proferiu uma frase que, na maioria das vezes, tem sido citada erroneamente: "Acho que não é um bom sinal da nossa civilização conseguirmos determinar a temperatura na atmosfera de Vênus mas não sabermos o que acontece em um suflê".

Como cientista ele pesquisou o que lhe interessava mais do ponto de vista culinário: as propriedades físico-químicas dos alimentos durante o cozimento; portanto, não só do suflê de queijo, mas também dos merengues, ou então a capacidade de transformação do chocolate. Nos anos 60, o húngaro proferiu palestras na Real Sociedade Britânica com títulos como "O físico na cozinha" e hoje pode ser considerado o fundador da culinária molecular, ainda que esse título seja freqüentemente atribuído ao francês Hervé This.

This, o físico-químico que pesquisou os fundamentos moleculares, os processos físicos e as reações químicas da culinária, foi, nos anos 80, um dos colegas de pesquisa mais entusiasmados de Kurti. Os dois cientistas aficionados pela culinária deram à nova disciplina o título da tese de This: Gastronomia Molecular e Física.

Em 1992, eles convidaram cientistas e cozinheiros de todo o mundo para o primeiro simpósio sobre o tema, organizado na cidade siciliana de Erice. Desde então, o simpósio ocorre regularmente a cada dois anos. Ferran Adrià, que participou do simpósio, nem sonhava que o estranho nome da disciplina de This, um século após a sua criação, seria motivo de muita dor de cabeça para alguns cozinheiros. "Hervé This é um pioneiro, a sua pesquisa nos possibilitou inventar menus que nunca acreditamos serem possíveis", foram as palavras de Adrià sobre o cientista. Para Pierre Gagnaire, chef parisiense três estrelas, a técnica não foi o fator decisivo. "A única coisa que interessa é o amor à culinária. Nesse aspecto tenho um ponto em comum com Hervé This."

Um dos grandes trabalhos de This foi selecionar 351 receitas do calhamaço de culinária clássica de Escoffier e realizar um estudo científico com elas. Durante a pesquisa, ele descobriu alguns "erros" como, por exemplo, a idéia de que o ovo cozido perfeito se cozinha em água fervendo. Somente a uma temperatura de 69ºC a clara do ovo atinge a consistência certa e a gema atinge o ponto certo de cozimento sem que se forme uma película. Portanto, o tempo de cozimento não importa – sete ou sessenta minutos, o resultado é o mesmo. E caso se queira que a gema fique exatamente no centro do ovo, é só girá-lo com uma colher durante o cozimento. É claro que não é preciso estudar química para fazer essa descoberta. A preparação do ovo para o café-da-manhã apenas demonstra como é possível encontrar respostas simples, basta levantar a questão. E This é um mestre nisso. Por que a massa podre se esfarela quando a manuseamos por muito tempo (e o que se pode fazer para que isso não aconteça)? Por que um pêssego descascado escurece após alguns minutos?

O seu passatempo preferido era questionar conhecimentos da culinária – ou melhor, colocá-los à prova. Esses conhecimentos são os inimigos naturais das receitas de cozinha passadas de geração em geração, de mãe para filha. Tomemos como exemplo a sabedoria retirada de um manual para cozinheiros profissionais: "O sal e os aromas se movimentam no interior da carne durante a fritura". This consultou os cozinheiros que freqüentam os seus seminários: uns colocam o sal antes, outros depois ou durante a fritura. "Tanto faz", This esclareceu para os profissionais. A análise feita no microscópio eletrônico revela que o sal não penetra no centro da carne. Hervé This poderia ser considerado o amigo de todos os cozinheiros, independente do conhecimento de química, pois, ao contrário de outros cientistas, ele se interessa pelos problemas cotidianos de milhões de pilotos de fogão amadores. O fato de as suas investigações culinárias também terem um grande valor do ponto de vista científico justifica o convite que recebeu para ensinar no Collège de France, um dos bastiões da ciência francesa.

De simpósio em simpósio, o número dos seguidores da gastronomia molecular de This só fez aumentar. Em 1994, eles puderam comemorar em Erice um grande acontecimento internacional. Foi inaugurada em Copenhague a primeira cátedra de gastronomia molecular (na verdade, ela deveria se chamar "pesquisa gastronômica aplicada", já que o professor dificilmente vai cozinhar durante a aula teórica).

Dez anos mais tarde – o simpósio já havia se transformado em um acontecimento de mídia –, o inglês Heston Blumenthal foi a estrela do evento. Quando este cozinheiro de vanguarda, nascido em Londres em 1966, recebeu a sua terceira estrela do Michelin, ele comprovou com a sua cozinha experimental que também se pode ingressar no olimpo da alta gastronomia sem estar vinculado à gastronomia clássica. No simpósio de 2004, Blumenthal estava cheio de idéias radiantes. Nesse ano, as batatas fritas perfeitas estavam no programa (uma discussão decisiva na pátria do *fish and chips*). "Seria possível fazer batatas fritas sem gordura?", perguntou o químico José Miguel Aguilera. As batatas fritas precisam estar cozidas por dentro e serem crocantes por fora. Para o desapontamento da comunidade de Erice, vapor de água surge no interior dos pedaços de batata, esse vapor vai para fora e, após algum tempo, anula o efeito crocante do quitute. O químico Aguilera realizou a experiência como exemplo científico. Ele colocou no microscópio células isoladas de batatas do tamanho de um milésimo de milímetro – e as fritou. Contudo, esse estudo só piorou o problema. Então, Heston Blumenthal veio com a solução: "Se espetarmos cada batata frita com uma agulha, a água sai e a batata fica crocante". Mas quem quer ter todo esse trabalho? O cozinheiro inglês havia pensado: primeiro, deve-se cozinhar as batatas, depois fritá-las a uma temperatura de 140ºC e então secá-las, para por fim fritá-las rapidamente a 180ºC. Ainda assim uma trabalheira. Por isso, ele só serve fritas com rins de vitela – "poucos clientes pedem". Entretanto, Blumenthal também apresenta uma solução viável para o problema da gordura: eleva-se o ponto de ebulição da água para 120ºC utilizando um açúcar especial. Desde então, as fritas não deixam mais os dedos engordurados.

Outro cientista se posiciona a favor do cozimento da carne de gado a 53ºC durante dez horas. O único problema: a crosta só se forma a 140ºC. "Não tem importância", Blumenthal consola os céticos. "Então vamos assar a carne na chama do fogão." Nem sempre se encontram as palavras certas no simpósio de Erice. Às vezes, uma boa pergunta é o início de um quebra-cabeças. Como eliminar o gosto amargo do pomelo? Como preservar o fugaz aroma do tomilho ao fritá-lo? Com o que combinar as balas de gelatina de azeite de oliva?

Durante muito tempo, a seguinte pergunta foi o enigma perfeito – e não resolvido – da culinária: "Como se prepara sorvete *quente*?".

Em um primeiro momento, estava claro para todos o que não podia ser feito: eliminar da boca o calor que faz com que o sorvete comum derreta. Portanto, o processo de derretimento deveria ser acionado de outra forma: por exemplo, acrescentando um espessante (feito de algas vermelhas) a uma emulsão aquecida a 80ºC feita de purê de framboesas. O purê reage por meio de propriedades tixotrópicas, isto é, endurece ao ficar em repouso, e a bala de framboesa pode, assim como o sorvete, endurecer. Caso uma porção da massa de framboesas, que está esfriando, seja *movimentada* com a língua – e não aquecida, como ocorre com o sorvete comum –, as pontes de hidrogênio se desfazem, e o sorvete quente se transforma em líquido, como acontece com o sorvete comum, com a única diferença de que é sorvete *quente*.

Será que chocolate combina com peixe? Tudo indica que sim, pois quando o peixe é grelhado, ocorre uma "reação de Maillard" na sua pele. O bioquímico francês Louis Camille Maillard descobriu que alguns carboidratos e aminoácidos reagem a altas temperaturas, liberando certas moléculas de aroma. Essas substâncias que dão o sabor são liberadas tanto durante a torrefação dos grãos de cacau como quando a carne ou o peixe são grelhados. Portanto, ao comer peixe grelhado com chocolate, a pessoa desfruta de um efeito Maillard duplo, pois o aroma do assado é duplamente reforçado.

Cientistas alemães também se juntaram aos pensadores da gastronomia molecular. Subvencionado pela União Européia, o Centro de Transferência de Tecnologia de Bremerhaven está participando de um projeto chamado INICON, que pretende fazer a ligação entre ciência e arte culinária. Também participaram do projeto Hervé This e os cozinheiros de vanguarda Ferran Adrià e Heston Blumenthal, que, com o exército de fãs que anda ao seu redor, se transformaram em uma tacada de marketing incrível para a gastronomia molecular de This. Emile Jung, o conservador cozinheiro e crítico da gastronomia molecular, do Au Crocodile de Estrasburgo, na Alsácia, também participou do projeto, pois a coordenadora Claudia Krines está convencida de que a cozinha molecular "só será um grande sucesso quando os representantes da cozinha clássica também estiverem convencidos da sua utilidade".

"Gastronomia molecular" – nomen est omen*

Nicholas Kurti usou um nome comprido para a inovação molecular que fez na ciência culinária, "a fim de chamar a atenção de institutos de pesquisa para o seu trabalho", comentou mais tarde Blumenthal, de forma irreverente, mas com uma intenção séria. Quando Nicolas Kurti morreu, em 1998, o seu colega Hervé This trocou o nome um pouco rebuscado da disciplina de gastronomia molecular e física para gastronomia molecular. Entretanto, mesmo com um rótulo mais curto, o assunto continuou afugentando os cozinheiros internacionais.

Kurti e This apresentaram para os especialistas uma disciplina científica fascinante, mas que não tinha alma própria. Para os cozinheiros, soava como comida artificial, provavelmente geneticamente modificada, saída da cabeça de um cientista maluco que trabalha em um laboratório, e não em uma cozinha. Eles tinham medo de tocar nos materiais desconhecidos – como, por exemplo, alginatos, que com esse nome parecem produtos químicos. No entanto, a cozinha cotidiana há muito tempo já perdeu a sua inocência. A bioquímica está em toda parte, na cobertura de uma torta de morango, no fermento de pão, no gás carbônico da água mineral. Entretanto,

* Provérbio latino que significa algo como "o nome condiciona o destino". (N.T.)

é preciso aprender a utilizar produtos que alteram a textura dos alimentos, provocando, por exemplo, a gelificação, a estabilização e também o espessamento de espumas, para elas não se dissolverem rápido demais, como ocorre na banheira. Hoje em dia, graças à garrafa para chantili, qualquer líquido misturado com gelatina pode ser transformado em uma espuma estável – até mesmo por amadores. Adrià chegou a fazer espuma de água do mar.

Apesar disso, levaria quatro décadas até que as idéias de Kurti sobre gastronomia molecular fossem aceitas por um público maior. Somente quando Ferran Adrià e Heston Blumenthal passaram a ser identificados com a gastronomia molecular foi que a ciência ganhou fama mundial. A partir daí, um grande número de jornalistas, em inúmeros artigos, programas de tevê e blogs, passou a usar o nome como sinônimo desses dois cozinheiros de vanguarda.

Para os bullianos, foi mais um motivo de preocupação, pois eles temiam que, após vinte anos de prática inovadora comandada por Adrià, a sua culinária de vanguarda pudesse ter o mesmo destino que a nouvelle cuisine, isto é, que maus imitadores fizessem o movimento todo cair em descrédito. Será que o burburinho em volta da gastronomia molecular não podia levar jovens cozinheiros a querer ser contemporâneos e inovadores a qualquer preço (deixando o sabor de lado)? Será que os cozinheiros um dia viriam a se autodenominar cientistas? Será que o que está por trás do nome "molecular" não é apenas mais uma ferramenta de apoio à criatividade do cozinheiro? Já que Adrià revolucionou a culinária de maneira muito mais decisiva do que a nouvelle cuisine jamais conseguiu, ele não quer ser responsabilizado de maneira alguma pelo trabalho de outros colegas da culinária molecular. A fim de evitar tal equívoco, em 2004 ele emitiu um comunicado proibindo que a sua cozinha fosse reduzida ao aspecto gastronômico-molecular.

"As perguntas que me fazem levam a crer que me consideram o pioneiro, o fundador daquilo que se chama 'cozinha molecular'. De dez entrevistas que concedo, nove contêm essa palavra – sem exageros. Entretanto, *nunca* utilizei essa expressão com referência ao El Bulli. Em primeiro lugar, acredito que se deve respeitar o trabalho científico, e não banalizá-lo. Até 2003, tínhamos pouco contato com cientistas, até mesmo depois de inaugurarmos o ateliê, em 1997. Conhecemos Harold McGee e Hervé This em congressos, como o de Erice. Por isso, também nunca demos aos nossos pratos um toque científico. Nossas criações nunca tiveram uma origem científica, mas sim puramente culinária: há 25 anos nos deixamos guiar pelo nosso senso de observação e pela nossa fantasia. Um exemplo disso foi quando descobrimos, em 1998, que o ágar (espessante) suportava altas temperaturas e começamos a utilizar gelatina quente. Partimos somente da nossa observação, nunca contamos com o auxílio de um cientista. Somente em 2003 começamos uma colaboração com o cientista e gastrônomo Pierre Castel. Conseguimos com ele o que não parecia possível com nenhum outro cientista: conduzir um bom diálogo e criar um sistema de trabalho para a nossa fundação ALICIA [fundação cujo objetivo é promover e disponibilizar pesquisa de base científica para o uso no cotidiano].

"Retomando a idéia do meu suposto papel como pioneiro da gastronomia molecular: me perdoem, mas isso é uma grande jogada de marketing, e devemos deixar claro para o público que não se trata de um tipo de culinária. O fato de trocarmos experiências com cientistas é um recurso entre muitos. Dos 23 pilares de uma cozinha moderna, esse diz respeito a somente um ponto. Devemos analisar essa questão na devida proporção.

"Se um cozinheiro quer definir a sua culinária como 'molecular', claro que ele pode fazer isso. E partindo desse mesmo direito à liberdade, não quero ter meu nome automaticamente associado a esse conceito. Sou e continuo sendo um cozinheiro. Por isso, podem ser contadas nos dedos as parcerias de adeptos da gastronomia molecular, como This, com cozinheiros.

"Uma outra prova do maior equívoco da gastronomia dos nossos dias: a ciência não estudou exatamente *aqueles* produtos que parecem "mais moleculares" aos olhos do público: os colóides (espessantes e aglutinantes). Os cientistas já não se interessam por eles, pois esses produtos já vêm sendo empregados há anos pela indústria de gêneros alimentícios. Portanto, afirmar que quem utiliza essas matérias-primas é um gastrônomo molecular é duplamente errado. Da mesma forma, a ciência pouco nos ajudou quando voltamos a utilizar a garrafa de chantili em 1994, ou quando criamos o sorvete salgado."

Apesar dessas afirmações fundamentais, Ferran Adrià não conseguiu mais frear uma tendência que já estava em andamento. O chef de cozinha mais festejado pela mídia já naquela época esbarrou em uma fronteira da própria mídia: quando quis batizar a sua revolução na cozinha, que ele define como "*Nueva* nouvelle cuisine", já era tarde. Outros nomes logo apareceram, fosse cozinha *high-tech* (Adrià a considerou *tech* demais), cozinha desconstrutivista (destrutiva demais), cozinha futurista (distante demais) ou de vanguarda (em voga demais). O nome "vanguarda culinária espanhola" também parecia inadequado, pois soa muito regional. Mas era tarde demais para essas considerações. No começo do terceiro milênio, o nome gastronomia molecular já havia se disseminado na imprensa internacional. Portanto, o comunicado de Adrià não surtiu efeito.

Mas ele não se deu por vencido. Em dezembro de 2006, reuniu-se com Heston Blumenthal e Thomas Keller, a estrela da culinária norte-americana, e escreveu um outro comunicado, que publicou em inglês em vários jornais da Europa e dos Estados Unidos. "Nos sentimos incompreendidos porque alguns aspectos da nossa culinária são enfatizados demais em função de um sensacionalismo. Valorizamos a inovação – novas técnicas, ingredientes, idéias – principalmente se essas idéias realmente trazem um avanço. (...) Utilizamos gelatinas modernas, adoçantes, enzimas, nitrogênio líquido etc., mas não permitimos que a nossa culinária seja definida por meio dessas ferramentas auxiliares." Foi assim que as três estrelas da culinária resumiram o seu mal-estar em relação à indesejada vinculação ao conceito de gastronomia molecular.

A verdadeira ruptura com a nouvelle cuisine não seria a técnica avançada, mas o modo de lidar com a inovação. Alain Senderens, como outras estrelas da nouvelle cuisine, havia exigido publicamente direitos autorais para as suas criações, tentando evitar que outros chefs imitassem os seus pratos. Ele não conseguiu, mas a tentativa foi discutida. Diferentemente, a vanguarda culinária de hoje transformou o intercâmbio de novidades em um festival. Eles enfatizam no seu comunicado a importância de cooperarem com outros cozinheiros. "Deveríamos trocar o nosso conhecimento e as nossas idéias de forma generosa." A vanguarda culinária do terceiro milênio não precisa de direitos autorais. Ao contrário, a vanguarda transformou – graças ao exemplo de Adrià – o intercâmbio de novas técnicas e idéias em uma festa que se estende por vários dias.

Esses grandes encontros da culinária, como por exemplo os de Madri, San Sebastian (no País Basco) ou Girona (na Catalunha), conseguiram alcançar em poucos anos uma dimensão que foge às expectativas dos centros de convenções. Na oitava edição do encontro em San Sebastian, jovens cozinheiros ávidos por aprender coisas novas estavam dispostos a desembolsar cerca de 490 euros por uma entrada para participar de quatro dias de apresentações com duração de trinta minutos. Eles também queriam ver os grandes da culinária internacional ao vivo ou no telão: além de Adrià,

Heston Blumenthal, o norte-americano Grant Achatz, o italiano Massimiliano Alajmo ou Martin Berasategui, um dos principais representantes do renascimento da culinária basca.

O encontro de cozinheiros em Madri, que desde 2003 vem atraindo um público cada vez maior, também tem um sucesso semelhante. Em 2007, mais de quinhentos cozinheiros profissionais se inscreveram na grande feira chamada Madrid Fusion, e mesmo assim houve uma longa lista de espera. Esse evento também ocorre com a presença de Adrià e Blumenthal.

A atmosfera dessas feiras lembra mais um concerto de música pop do que um curso de culinária. Os jovens cozinheiros estão convencidos de que nesses eventos aprendem em poucas horas mais do que em um ano dos seus estágios profissionalizantes. Reina uma atmosfera de novidade e euforia, todos compartilham a certeza de que se trata do início de um novo e excitante capítulo da história da culinária.

O design sensível de Heston Blumenthal

Heston Blumenthal é o primeiro chef três estrelas da geração de Adrià que se tornou cozinheiro inspirado explicitamente no exemplo do catalão. "Para o meu amigo", assim ele dedicou uma fotografia para a galeria do ateliê de Adrià. Na verdade, as equipes de Blumenthal e Adrià são ligadas por uma amizade que extrapola os esporádicos encontros dos cozinheiros três estrelas. Os dois cozinheiros da era molecular têm um currículo semelhante e não-convencional.

Se no tempo recorde de cinco meses Ferran Adrià foi promovido de aprendiz a chef de cozinha de um restaurante espanhol duas estrelas, Heston Blumenthal ainda bateu esse recorde: tudo o que o cozinheiro inglês havia feito era um estágio de um mês quando abriu o bar The Fat Duck nas cercanias de Londres, em 1995. Na verdade, durante a sua juventude, a família, tipicamente britânica, não se alimentava de maneira muito criativa. De vez em quando, o pai de Blumenthal, que tinha uma boa situação financeira e se interessava pelos prazeres da mesa, levava a família aos melhores e mais caros restaurantes, que naquele tempo eram franceses – o que o pai de Adrià jamais havia feito. Portanto, o interesse de Heston Blumenthal por culinária foi despertado já na tenra idade de dezesseis anos no restaurante provençal duas estrelas L'Oustau de Baumanière. O que mais o fascinou foi a encenação perfeita da grande *cuisine*: o *sommelier* com o seu bigode de imperador, o molho de lagosta no ponto, o *gigot d'agneau** sendo trinchado na mesa. "A partir daquele momento, quis me tornar chef de cozinha", lembra Blumenthal.

O caminho para virar uma estrela da culinária foi curto, mas cheio de curvas. Uma semana de estágio no Manoir, em Oxfordshire, era a sua única experiência na cozinha. Depois de concluir o estágio, ele sabia exatamente o que queria: ser cozinheiro em um restaurante pequeno e próprio. Mas para isso precisava de muito, muito dinheiro, que primeiro ele precisava ganhar. Então trabalhou como auxiliar de arquiteto, auxiliar de cinegrafista, representante de máquinas Xerox e cobrador de dívidas (nesse emprego, a sua estatura de 1 metro e 90 certamente o ajudou). Blumenthal e sua esposa gastavam cada centavo que sobrava freqüentando restaurantes de luxo, para treinar o paladar. Simultaneamente ele lia, nem sempre com o mesmo entusiasmo, montanhas de clássicos da culinária francesa e absorvia as novidades que os cientistas escreviam sobre o tema.

Um belo dia, chegou às suas mãos um livro do jornalista americano e estudioso de culinária Harold McGee: *The Curious Cook: More Kitchen Science and Lore* [O cozinheiro curioso: mais ciência da culinária e tradição popular]. Na obra, publicada em 1990, o doutor recém saído de Yale descreve para leigos os processos físico-químicos que ocorrem durante o cozimento. A exposição de McGee sobre a história dos gêneros alimentícios e da culinária pouco interessava a Blumenthal. Ele estava mesmo era fascinado por esse novo mundo de moléculas e reações, pois essas lhe explicavam o velho mundo da cozinha e – disso ele tinha a mais absoluta certeza – lhe abririam as portas para um novo universo culinário. A maioria dos cozinheiros, embora nem todos, primeiro aprendem as técnicas necessárias e somente mais tarde entendem por que as

---

* Pernil de cordeiro assado, temperado com alho roxo, manteiga, sal e pimenta. (N.T.)

coisas funcionam assim. Blumenthal, ao contrário, aprendia a causa muito antes de ter a oportunidade de ver o efeito como cozinheiro profissional.

Em 1995, Heston Blumenthal teve dinheiro suficiente (e crédito) para comprar um pub antigo em Bray, perto de Londres. Desde o primeiro dia, nada no pub foi como em outros restaurantes. Já que Blumenthal, exatamente como seu amigo Adrià, não tinha uma formação gastronômica formal, ele não aceitava nada como sendo óbvio. Ele se perguntou: por que o sal, segundo uma antiga regra da culinária, deve ser adicionado à água fria quando se cozinha ervilha? "Fiz algumas experiências e descobri que isso não era verdade." Certa vez, ele ficou sabendo que o físico inglês Peter Barham investigava essas e outras questões, e a partir daí eles começaram uma colaboração. Barham havia acabado de taxar como bobagem a crença de que se deve salgar a água fria quando se cozinha verduras. O que causava a perda da coloração verde não era o sal, mas o cálcio presente na água do cozimento. Existem duas possibilidades para quem quiser preservar a cor dos brócolis, ervilhas ou outros legumes verdes: cozinhar em água destilada ou com pouca água bem quente em uma panela destampada.

O que interessava para Blumenthal era o *porquê* (um prato aciona uma determinada sensação). Assim que descobria a resposta, ele passava para o *como* (acionar tal sensação). Com freqüência agia segundo um princípio que se poderia chamar de "sabor condicionado": se alguém mastiga um grão de café e bebe simultaneamente água quente, esse grão apresenta um sabor mais intenso do que o do café convencional. Seria auto-sugestão? Está cientificamente comprovado que isso funciona em muitos casos, até mesmo com vinho branco da Borgonha misturado a um líquido vermelho que os degustadores afirmam ser vinho tinto.

Blumenthal compilou uma bela coleção de líquidos com sabor: um líquido com sabor de grama recém cortada, outro com sabor de carvalho, outro com gosto de couro. No total, coletou 3,5 mil essências. Ele reuniu essas essências seguindo a idéia de que dois ingredientes similares na sua estrutura química se completam, porque o sabor é reforçado por esse efeito duplo. Por exemplo, o benzaldeído está presente na amêndoa, mas também no *foie gras*. Por isso, ele criou um prato de *foie gras* frito com amêndoas que se tornou um grande sucesso.

Antes de Adrià, Blumenthal já utilizava nitrogênio líquido na sua culinária. E antes de os dois cozinheiros se conhecerem, Adrià ficara eletrizado ao assistir a um documentário na tevê sobre o chamado congelamento criogênico. Ele observou fascinado como figos mergulhados em um recipiente cheio de nitrogênio a 195,8ºC negativos se transformavam em *sorbet* de figo em frações de segundos. Embora esse congelamento ultra-rápido aparentemente oferecesse um universo de novas possibilidades de preparação de pratos, a utilização diária de nitrogênio líquido na culinária ainda parecia um sonho distante para Adrià. Na indústria farmacêutica só se pode manusear essa substância vestindo roupas de proteção, porque ela pode causar sérios danos à pele.

Por esse motivo, Ferran Adrià ficou muito surpreso ao visitar o The Fat Duck de Blumenthal, em 2000, e se deparar com recipientes de nitrogênio na cozinha. Foi uma das raras vezes que a equipe do El Bulli pôde observar uma nova técnica sendo empregada por colegas. Adrià adquiriu imediatamente um equipamento como o de Blumenthal, e a equipe do Bulli começou, eufórica, a mexer com o novo brinquedo. "Dávamos banho de nitrogênio em tudo o que caía nas nossas mãos", conta Albert Adrià. Certa vez, eles colocaram uma espuma de xarope de alcaçuz que havia sobrado do dia anterior no tanque de nitrogênio e, quando Albert Adrià foi experimentá-la, um vapor gelado saiu das suas narinas. "Como a fumaça saindo das narinas de um dragão", contaram os colegas, rindo. Mais tarde o nome "dragão de nitrogênio" (com sabor de alcaçuz) foi parar no cardápio.

O gás nitrogênio é incolor, inodoro e insípido e, quando exposto a temperaturas extremamente baixas (195,8ºC negativos), se condensa em um líquido incolor. É utilizado há décadas na tecnologia de alimentos, na medicina e na indústria farmacêutica para o congelamento rápido e a liofilização de alimentos delicados, células, tecidos ou sangue. Até o ano 2000, nenhum cozinheiro tivera a idéia de brincar com altas temperaturas. Hoje em dia, nas cozinhas de Adrià e Blumenthal, encontramos nitrogênio líquido em tanques de ar comprimido. Se mergulharmos um alimento no nitrogênio, a sua estrutura será alterada de forma semelhante à que ocorre durante o cozimento: uma rosa congelada pode ser quebrada, uma bola de borracha perde a sua elasticidade. Se derramarmos nitrogênio líquido em uma tigela de metal contendo água quente, uma camada de vapor sobe e paira sobre a mesa. É fantasmagórico.

Não foi por acaso que Blumenthal introduziu o congelamento rápido na alta gastronomia. À sua maneira, ele abandona a culinária clássica de forma ainda mais arrojada do que Adrià. Ele pode combinar produtos que normalmente não são combinados: salmão com alcaçuz, chocolate branco com caviar ou escargot com geléia. Os garçons podem fazer mágicas com os pratos, por exemplo, transformar uma pétala de rosa em um ovo, como um mágico profissional. Ficção e realidade se misturam durante esse acontecimento culinário mágico, e o cliente se sente como Alice no País das Maravilhas.

"Um novo prato é capaz de fazer mais pessoas felizes do que a descoberta de uma nova estrela", é o credo de Blumenthal. E também o som pode fazer parte do novo prato. Ele testou a sua nova filosofia culinária sensorial com ostras em um grupo de comensais: se forem ingeridas em um lugar com som do mar, a pessoa tem a sensação de que elas são mais salgadas do que se ingeridas ao se ouvir o som de animais em um estábulo. Um clássico do The Fat Duck é um sorvete com sabor de ovo e presunto. O aroma de presunto é percebido no mesmo instante em que a pessoa escuta no fone de ouvido o som de gordura fritando na panela. O sabor de ovo é reforçado com o som do cacarejar da galinha. Blumenthal está trabalhando em parceria com a Sony em um projeto para desenvolver microfones e caixas de som que reproduzam o próprio barulho da mastigação.

"Quero que as pessoas se divirtam. Quando estou agitado, me sinto como uma criança em uma loja de balas", conta o cozinheiro de quarenta anos. É exatamente essa ansiedade infantil que ele quer que os seus clientes sintam, mesmo antes de comer no The Fat Duck. Quando um cliente faz a sua reserva, geralmente com seis semanas de antecedência, recebe pelo correio, como comprovante, um cartão com o endereço de um site e uma senha de acesso, além de um spray. O site mostra uma antiga loja de guloseimas com vidros cheios de balas. Quando a porta é aberta, soa a campainha. O spray contém diferentes aromas de balas. Quem visita o site e sente os deliciosos cheiros de doces do spray, pode encher virtualmente um saco de balas. Quando, semanas depois, o cliente chega a Bray, o conto de fadas da internet se torna realidade. Balas estão penduradas no caminho que leva ao restaurante, o cliente é recepcionado na porta com o cheiro de balas e, como na internet, se escuta uma pequena sineta. O sonho infantil tem seqüência após a refeição. O cliente leva para casa, como lembrança, o saco de balas, que ele havia enchido virtualmente no site. Blumenthal chama essa experiência múltipla de design sensorial, por meio do qual se misturam sabor, imagens, sons e lembranças.

"Na verdade, Heston não é um chef, ele é um dínamo que fala com o mesmo entusiasmo tanto de *coq au vin* quanto de reações com proteínas, ou sobre uma nova técnica que utilize nitrogênio líquido", afirma Adrià.

Bulli no topo

Chuva de estrelas – o poder do guia Michelin

A equipe do El Bulli sabe o estado de ânimo com o qual um restaurante tem que lidar quando o assunto é o que há de mais sagrado na vida de um cozinheiro de primeira grandeza: as estrelas do Michelin. Antes de Adrià se tornar chef de cozinha, o El Bulli já havia conseguido a sua segunda estrela e a havia perdido. Adrià precisou de cinco anos para que o El Bulli reconquistasse a segunda estrela, e mais sete anos para conquistar as três estrelas, em 1997.

Não se pode afirmar que o guia Michelin francês seja líder de mercado. Pois isso pressuporia a existência de verdadeiros concorrentes lutando pela idolatria dos gourmets, de Bordeaux a Nova York. Não é esse o caso. Mesmo que alguns (principalmente os cozinheiros que ficam de fora) vejam no Michelin o grande inquisidor que vigia a manutenção dos dogmas da alta gastronomia francesa, na verdade não há para esses juízes gourmets nenhuma alternativa que desfrute do mesmo reconhecimento internacional.

Em primeiro lugar, ganhar a melhor nota custa caro: cadeiras confortáveis, copos finos, os melhores talheres e um incremento do quadro de pessoal, de modo que para cada cliente haja um funcionário, como é regra em todas as categorias mais altas da gastronomia. Somente então um restaurante está preparado para receber a qualquer minuto a visita não-anunciada de um inspetor do Michelin. Conseguir as três estrelas é como ganhar uma maratona. Segundo uma regra do ramo, ganhar uma estrela significa aumentar a clientela em um terço, mas o mesmo número de clientes deixa de freqüentar o restaurante se esse perde uma estrela. Em 1900, ano em que publicou o primeiro guia, o fabricante de pneus Michelin, de Clermont-Ferrand, certamente não contava com isso. Ele dava o livrinho vermelho, que continha endereços de oficinas e também dicas de hotéis, de presente para os poucos motoristas que havia naquela época. O sistema de pontuação culinário, que é de uma a três estrelas (a pontuação mais alta), foi criado em 1933. Naquela época, assim como hoje, *uma estrela* significava "cozinha muito boa, merece atenção especial"; *duas estrelas*: "cozinha excelente, digna de um desvio da rota"; *três estrelas*: "um restaurante que vale uma viagem".

Décadas depois, os motoristas se multiplicaram tão rapidamente quanto os leitores, e o guia Michelin acabou se transformando em uma força mundial devido ao número de exemplares vendidos. Hoje, restaurantes e hotéis de doze países europeus são avaliados em diferentes edições. Já existe inclusive uma edição sobre Nova York. São vendidos anualmente mais de 1,4 milhão de exemplares, dos quais mais de meio milhão só na França. Tais números fazem desse guia vermelho o livro mais vendido no país da alta gastronomia, depois da Bíblia. Reza a lenda que as tropas aliadas se basearam nos mapas do Michelin ao aterrissar na Normandia, em 1944.

Como é típico dos protetores do Santo Graal, o tradicional guia gourmet precisou de alguns anos para assimilar as mudanças trazidas pela nouvelle cuisine, pois os inspetores, que trabalham incógnitos, preferem manter o clássico a arriscar uma novidade. Nos anos 70, o Michelin perdeu o posto por um curto espaço de tempo para um guia mais moderno, o Gault Millau. Fundado com o surgimento da nouvelle cuisine, o guia permitia tudo o que a "velha tia" proibia (e provavelmente também não conseguiria fazer) e, principalmente, tinha uma prosa contemporânea adequada ao novo gosto dos gourmets, apresentando formulações refinadas e arrojadas, enquanto o Michelin era mais econômico. Mas os dois editores do Gault Millau cometeram um erro fatal. Venderam o seu nome para guias feitos no exterior, e desde então aqueles que compram a licença para usar o nome podem fazer o que bem entenderem. O Michelin, ao contrário, mantém um controle rígido sobre os seus guias e continua administrando todas as edições, cada uma sobre um país, a partir de Clermont-Ferrand: hoje em dia é novamente a única avaliação internacional aceita pelos gourmets. E isso vale tanto para Adrià como para Blumenthal: quem não tem as três estrelas, não é considerado pela imprensa e nem pelos colegas como membro do grupo dos melhores restaurantes do mundo.

A edição de 2006 do Michelin Alemanha, que está no mercado desde 1964, apresenta tantos cozinheiros como jamais houve. Secreta e silenciosamente, a Alemanha conseguiu atingir o ápice da gastronomia européia com sete cozinheiros três estrelas. Mas embora tenha duzentos restaurantes agraciados com estrelas, a Alemanha ainda está muito distante de se tornar *a* pátria da alta gastronomia. Mesmo assim, em toda a Alemanha há pelo menos o dobro de cozinheiros três estrelas do que em Paris.

A cultura das estrelas tem um poder incontestável e que não pode ser ignorado, o que se revelou na edição de 2006 com o exemplo de Alain Senderens, um dos cabeças da nouvelle cuisine, que quis bancar o revolucionário mais uma vez, aos 66 anos. Após 28 anos no olimpo da alta gastronomia, ele resolveu devolver, sem mais nem menos, as suas três estrelas do Michelin. "Não acredito mais em um sistema que produz contas de quatrocentos euros. A partir de agora, quero simplesmente cozinhar sem restrições", anunciou publicamente e abriu um novo restaurante, o Senderens, onde o menu custa menos de cem euros. E o que aconteceu então? O guia de restaurantes mais famoso do mundo resolveu se vingar: meio ano após o chef de cozinha abrir o seu Senderens, a bíblia vermelha dos gourmets lhe concedeu novamente duas estrelas. Esse tempo recorde – um estabelecimento novo nunca havia recebido estrelas do Michelin tão rapidamente – foi uma espécie de praga. Para os juízes gourmets só existe uma resposta para a pergunta "Será que um cozinheiro pode devolver as suas estrelas?" – resposta a que só se chegou depois de muita reflexão: "Não. Não se pode devolver as estrelas do Michelin porque elas não pertencem ao agraciado, mas ao Michelin".

Um novo sonho a cada dia

Em fotos antigas do El Bulli, Ferran Adrià aparece fixando na câmera o olhar esfuziante. Ele ainda esboça o mesmo olhar sapeca do jogador de futebol de L'Hospitalet, que ocupava a posição de meio-de-campo. Até hoje ele tem como ídolo um deus do futebol, além de famosos da culinária como Guérard e Chapel: Johan Cruyff, o ex-jogador da seleção holandesa e treinador do Barcelona. Adrià gostaria de ter começado como Cruyff, e também de ter a sua intuição para fazer a coisa certa na hora certa. Cruyff era um jogador que conseguia se entender com os colegas sem dizer uma palavra.

Às vezes, a estrela Adrià tem o domínio das palavras. Mas às vezes surgem pequenos problemas de comunicação com o mundo exterior. De vez em quando, os espanhóis (e mesmo os catalães) têm dificuldade em entender o que ele quer transmitir. Ele fala rápido, mas pensa mais rápido ainda. Para que a palavra possa acompanhar o pensamento, às vezes ele omite uma frase. Os seus colegas já aprenderam um tipo de código para compreender o chefe.

Durante muito tempo, era de admirar que Adrià não possuísse casa própria, apesar da sua fama crescente. De março a outubro, ele dormia em uma pequena casa próxima ao restaurante, e no outono e no inverno, algumas vezes na casa dos pais. "Eu vivia praticamente no Taller", conta, "mas agora, em vez da casinha esquisita, tenho um apartamento de setenta metros quadrados em Barcelona. Minha esposa e eu dormimos nesse apartamento – não se pode afirmar que eu more ali. Não precisamos de um apartamento maior porque tenho muitos espaços: dez mil metros quadrados com vista para o mar no restaurante de Roses, quatrocentos metros quadrados no Taller e trezentos metros quadrados no nosso escritório, El Carmen." O casal decorou o apartamento em estilo contemporâneo, as paredes são brancas e a mobília é toda feita por designers.

Não se fala nem uma palavra sobre a mulher de Adrià, Isabel, na mídia, nem mesmo na imprensa catalã. O motivo é o medo que Adrià tem dos tablóides espanhóis. Esse homem, que já foi aclamado como o preferido dos catalães e dos espanhóis, é uma celebridade. E os *paparazzi* espanhóis são ainda mais indiscretos que os alemães e os franceses. Ele não dá nenhuma informação sobre a esposa, para preservá-la e manter a privacidade de ambos bem longe das revistas e dos tablóides. O casal passa as suas semanas mais tranqüilas em viagens culinárias ao exterior, às vezes acompanhados de Juli Soler, do irmão de Adrià, Albert, ou de Oriol Castro. "Se não fizéssemos essas viagens, a minha mulher certamente pediria o divórcio", disse Adrià. "Mas conheço Isabel há muitos anos e ela conhece a minha obsessão de longa data, e a aceitou desde o primeiro dia. Ela me ama por aquilo que sou – e eu sou assim mesmo."

Os pais de Adrià cansaram de esperar por netos. Não se pode conciliar a paternidade com uma jornada de trabalho de quinze horas por dia. Além disso, Ferran é casado com o El Bulli, de onde anualmente saem para o mercado até 180 novas idéias. Albert deu netos a Josefa e Ginés. Felizmente, porém, Silvia, a esposa de Albert, compartilha a sua rotina de trabalho. Ela é a alma do centro criativo El Taller (em geral ela é a única que sabe onde está um livro ou quando o último currículo foi atualizado).

Os dois irmãos se parecem e, no trabalho, se completam. "Albert tem mais talento, ele é naturalmente brilhante. Ele é *o* talento, todos sabem isso no El Bulli, ele analisa as coisas com muita perspicácia", conta um dos seus colegas, "mas lhe falta algo que Ferran tem de sobra: a vontade imediata, a persistência, a grande obsessão".

Ferran Adrià, como líder da equipe do El Bulli, precisou de todas essas qualidades para a longa escalada até o topo da vanguarda culinária. Nos anos 80, o *foie gras* do El Bulli ainda se assemelhava à versão tradicional, um bolo ainda parecia um bolo e mesmo o hambúrguer de *foie gras* ainda podia ser identificado como tal. Duas décadas se passaram até o El Bulli se transformar no restaurante que é hoje.

Os irmãos Adrià distinguem quatro etapas *antes* da realização do seu sonho de uma cozinha revolucionária e criativa:

Primeira etapa, de 1983 a 1986: pela primeira vez na vida, Adrià foi o responsável por uma cozinha, e ele fez o que um autodidata que herda uma cozinha com uma estrela deve fazer: não quis arriscar e copiou os grandes clássicos da França;

Segunda etapa, de 1987 a 1991: Adrià traduziu e adaptou a nouvelle cuisine para o gosto catalão e mediterrâneo;

Terceira etapa, de 1992/93 a 2002: nesse período, Adrià inovou o seu estilo, influenciado pela vanguarda culinária francesa daquela época (Gagnaire, Bras);

Quarta etapa, a partir de 2003: somente idéias e pratos inovadores devem ser servidos no El Bulli.

Em 1990, Adrià teve uma experiência-chave que o levou à terceira etapa – a etapa genuinamente criativa. Ele entrou na cozinha com vários quilos de tomates maduros, pegou uma bomba de ar, enfiou a ponta dela em um tomate e encheu, encheu, até que o tomate explodiu. Ele ficou todo lambuzado de tomate, mas isso não teve a menor importância. Albert Adrià olhou para o irmão assustado. O que ele pretendia fazer? Em vez de uma resposta, Ferran pegou o resto do tomate e apresentou, triunfante, para o irmão. De onde a pele havia estourado, saíra uma espuma fina e de coloração rosada. Os irmãos a experimentaram antes de ela escorrer e continuaram enchendo tomates de ar pelo resto da tarde, para obter outros efeitos. O problema dessa espuma de tomate era que, ao servir, o garçom dificilmente poderia levar uma bomba de ar para a mesa (nem um avental para os clientes...). O que eles precisavam era de uma espuma que não desaparecesse imediatamente. Quatro anos se passaram até que a idéia, batizada de "nuvem", ficasse pronta para ser servida.

O melhor argumento para sustentar a afirmação de que o El Bulli não funciona segundo o princípio molecular, mas de maneira arcaica, por tentativa e erro, é o sifão. As donas de casa alemãs há tempos conhecem a garrafa com a qual em um piscar de olhos se faz chantili para acompanhar a torta de morango. Só que, naquela época, na distante Espanha, os bullianos não conheciam nem a garrafa de chantili nem o sifão para soda tal qual é usado nas típicas casas de vinho de Viena.

Quando o sifão estava finalmente pronto para entrar em ação no El Bulli, a equipe se viu confrontada com uma nova dúvida: o ar (a partir do qual surge a espuma) é um produto? Mesmo que seja composto principalmente de monóxido de nitrogênio, um gás sem cor e sem sabor? "Ninguém jamais havia tido a idéia de utilizar esse gás na alta gastronomia, mas conosco ele se transformou num sucesso", lembrou Adrià.

O primeiro sifão, posteriormente apelidado de "sifão fantasma", era um monstro, parecido com uma soldadeira conectada a uma grande garrafa de monóxido de nitrogênio. Apesar do seu tamanho, de difícil manuseio, foi exatamente esse dispositivo que virou o primeiro aparelho El Bulli a ser distribuído ao redor do mundo em uma versão menor. Esse aparelho permitia a produção de "nuvens", que eram bem mais leves do que as tradicionais musses (de chocolate, por exemplo). Adrià guarda na memória a data histórica: no dia 19 de março de 1994 surgiu o primeiro "ar": ar de grãos.

Caso se possa denominar assim um movimento de vanguarda, entre 1994 e 1997 ocorreu o período "clássico". Na verdade, surgiram por ano somente 56 novos tipos de tapas (em 2003, foram mais de 180), mas Adrià nunca mais descobriu tantas formas novas de preparo. Essa novidade transparecia também durante as jantas, na presença indispensável do garçom para dar as instruções. Isso exigiu, tanto dos funcionários quanto dos clientes, uma fase de adaptação que Adrià levou em consideração. "Caso alguém tivesse algo contra, essa posição deveria ser respeitada", conta Adrià, com uma piscada de olhos. "Como deve ser respeitada a atitude de uma pessoa que compra um livro e sempre pula um capítulo durante a leitura. Ou a de apreciadores de arte que preferem ver a pintura de cabeça para baixo."

As instruções dos garçons são necessárias – até para entender qual foi a intenção do cozinheiro ao criar o prato. Como ilustração, Adrià cita o exemplo de um cliente estrangeiro levado a comer um prato desconhecido em um chalé suíço, um *fondue.* É provável que ele queime os dedos se não lhe explicarem como se come esse prato. Em um restaurante japonês, é claro que a pessoa pode primeiro beber o shoyu com pasta de wasabi e só depois, com a boca ardendo, comer os refinados sushis. Mas essa certamente não seria a ordem escolhida pelo gourmet.

Em 1994, a idéia da criatividade também foi totalmente superada. Se o ritmo das novas criações não tivesse diminuído, Adrià e sua equipe não teriam deixado para trás o conhecido para ir em busca da diversificação e do novo. Após longas discussões, eles decidiram buscar a "criatividade técnico-conceitual". Mas o que era isso?

O exemplo mais simples de um "conceito" de Adrià é a boa e velha omelete. Um belo dia, um homem teve a idéia de bater os ovos antes de fritá-los. Depois dessa primeira idéia, segundo a teoria de Adrià, tudo o que surgiu foram variações: misturar cogumelos, presunto e toucinho ou usar uma fôrma quadrada. Essas variações podiam e podem agora ser resultado da criatividade. Então estaríamos falando de uma cozinha criativa. Contudo, a partir de 1994, o El Bulli queria enveredar exclusivamente na direção de "novos conceitos", criar algo realmente revolucionário. Assim como a invenção da saia – isso sim um novo conceito. Tudo o que veio depois, da minissaia às variações de Coco Chanel ou Yves Saint-Laurent, não eram novos conceitos, mas um outro estilo, uma variação da forma original. Também a gravata, o *blazer* ou a camisa resultaram de "conceitos" como esse. O objetivo de Adrià era o mesmo que se tinha a cada ano quando se apresentava ao mercado um veículo novo, como foi na época com o conversível, com a picape, a Kombi, a caminhonete ou a minivan. Ou quando, após o swing, jazz, pop e rock, uma grande gravadora lança um novo ritmo.

Claro que se pode discutir bastante sobre a sistemática. No automóvel, o conceito é o movimento em si ou a tração de quatro rodas? Será que a saia pode ser encarada como um conceito ou somente como um item de vestuário? A omelete é um conceito ou somente um prato à base de ovos? Será que as "gelatinas quentes" são um conceito, ou são somente gelatinas? Mas esse tipo de questionamento só nos distancia do problema; para a pequena história da culinária do El Bulli, o importante é o objetivo que Adrià e a sua equipe têm perseguido desde 1994: não fazer mais pratos novos, somente criar "conceitos" de pratos modernos.

Parece um objetivo ousado, até mesmo para a própria criatividade, e não foi muito bem entendido no início. É que, ao contrário do ramo automotivo, da música ou da moda, na gastronomia aconteceu muito pouco nos últimos cem anos. A primeira grande virada foi quando a nouvelle cuisine revolucionou a alta gastronomia ao não aceitar somente pequenas variações do que estava sendo feito até aquele momento, e essa libertação da sombra de Escoffier poderia ser classificada definitivamente como um conceito de Adrià.

A cozinha das bruxas no El Bulli-Taller

A partir de 1995, quando a intensidade da busca por novas concepções aumentou, a equipe de criação passou a utilizar diariamente, das 16h às 17h, a cozinha do clube Talaia, no Porto Olímpico de Barcelona. Foi o primeiro ateliê experimental do El Bulli. Cinco anos mais tarde, os bullianos se mudaram para o Taller na Calle Portoferissa.

O palacete se parece com muitos dos prédios da parte antiga da cidade. Na calçada, não há o menor indício do ilustre inquilino: Ferran Adrià e o seu El Bulli-Taller, a cozinha das bruxas localizada em um suntuoso prédio neoclássico do século XIX. No entanto, quem ultrapassa a terceira porta pesada de madeira no primeiro andar dá um passo em direção ao futuro: um duplex arejado com muitas janelas, bem-iluminado, quase sem portas (somente uma, para a antiga capela, que é o escritório de Adrià). Uma tela plana mostra fotos da última coleção; na frente da tela, móveis de designers em couro preto e branco. É o reduto de Oriol Castro. Albert Adrià é o diretor do Taller, e Ferran é o comunicador, mas Castro é quem faz o trabalho pesado.

O catalão, nascido em 1974, dificilmente deixa passar um minuto sem inventar uma nova perfídia culinária na cozinha experimental. Ao contrário dos dois Adriàs, ele tem uma formação profissional como pâtissier e já trabalhava em Barcelona quando, em 1996, fez um estágio no El Bulli e chamou imediatamente a atenção de Adrià devido ao seu espírito preciso e à sua rapidez de percepção. Primeiro, Oriol Castro trabalhou no El Bulli. Mas, a partir 1997, ele se especializou na cozinha experimental, em Barcelona. Ali ele comanda o "Roner", o "mini vac", o "Kenwood Bate" e o "Paco-jet", um exército de máquinas cromadas reluzentes que lhe servem de apoio na busca por novos pratos. "Não precisa ter medo, eu também não conheço todas essas máquinas", Adrià tenta me tranqüilizar, enquanto admiro as engenhocas.

Outro especialista do Taller é Albert Raurich Foyo, nascido em 1970, também catalão, como quase toda a equipe de criação. E, assim como Adrià, ele foi cozinheiro na cantina de oficiais do exército espanhol. Geralmente, a jornada de trabalho no Taller começa com um novo produto. Um tipo de manga que só cresce em uma determinada ilha, um cacto que é comido em algum lugar do mundo, um tempero que não se pode comprar na Europa. No caldeirão de experimentos entra tudo o que os clientes do restaurante enviam de suas regiões e o que a equipe descobriu durante as suas viagens, e os bullianos também têm as suas conexões no mercado de Barcelona, que entram em contato assim que os grandes fornecedores lhes oferecem algo interessante. Em 2007, os bullianos fizeram experiências com a liofilização, um processo especial de secagem a vácuo por meio do qual conseguiram produzir biscoitos sem utilizar ovos: secos por fora, suculentos por dentro. Depois foi a vez dos polióis. "Pode-se dizer que são açúcares que não são feitos de açúcar, e por isso mesmo não são doces", explica Adrià. Ele descobriu esse açúcar que não contém açúcar por intermédio da indústria de gêneros alimentícios. "Os polióis não nos interessam por causa do sabor, mas, ao misturá-los, podemos obter uma consistência interessante para um prato", afirma Castro.

Ele anotou essa hipótese de trabalho em um dos arquivos do Taller. No decorrer do dia, ele também registra que tipo de açúcar reage melhor com que tipo de preparação, por exemplo, se fica melhor em uma massa ou em um sorvete salgado, frito, em coquetéis, como musse e assim por diante. Às vezes, um produto fica parado por meses ou anos com a observação "pesquisa não levada adiante", para então ser retomado. O percurso de um produto até esse momento poderá ser acompanhado nos arquivos ainda por muitos anos. Todas as receitas e experiências feitas nos últimos vinte anos estão meticulosamente documentadas nos arquivos. "Para sermos anárquicos, temos que ser organizados", comenta Albert Adrià.

Quando Ferran, Albert e Raurich estão trabalhando na cozinha experimental, eles se comunicam por telepatia. Cada um sabe para onde vai a bola: Castro mistura e prepara, no melhor estilo de um meio-de-campo, Albert e Raurich fazem os longos passes e Adrià chuta a gol. E quando eles realmente não sabem o que fazer com um produto novo, ainda resta o último recurso de Albert: "Enchemos o produto de fumaça e o levamos à mesa".

O trabalho no Taller tem que ser rápido, são cinco mil experiências por ano, das quais somente 180 vão parar no cardápio. Contudo, o batismo de fogo dos novos pratos no El Bulli depois da pausa de meio ano é sempre uma ocasião delicada. "Nas primeiras semanas, servimos os pratos do cardápio antigo até que se retome a rotina. Só então lentamente introduzimos os novos pratos. Devagar, de modo que não precisemos curar os traumas de infância de uma dezena de clientes. Cerca de um mês depois, o novo cardápio é ativado."

"Freqüentemente se comete o erro de atribuir a criatividade somente a mim, mas eu nunca poderia levar a idéia do El Bulli adiante sozinho", diz Ferran Adrià. "A verdade é que tenho uma equipe de criação da qual fazem parte duas das

Mimado pelo sol: o restaurante três estrelas El Bulli é ligado ao lugarejo mais próximo por uma estrada de chão batido de sete quilômetros. O cardápio anuncia o menu de trinta pratos.

Elegância discreta no El Bulli – lugar para 45 clientes.

Calmaria que antecede a tempestade: antes que o movimento comece no El Bulli, os cozinheiros preparam sua própria refeição.

Uma equipe de mais de quarenta pessoas entra em ação para atender 45 clientes quase simultaneamente. (*acima*)
O mestre e o seu aprendiz de feiticeiro: Ferran Adrià e o seu chef de cozinha experimental Oriol Castro, no Taller em Barcelona durante um teste de sabores. (*abaixo*)

Ferran Adrià trabalhando meticulosamente com um dos seus cozinheiros – muitos são aprendizes ilustres – em uma nova criação.

Respire fundo. Ferran Adrià analisa no Taller uma das levíssimas espumas que fizeram a fama do El Bulli.

Espirais – de framboesa e limão seco com sorvete de coco.

Raviólli de beterraba esferizado com pistache e framboesa.

Tempura de brotos de funcho.

Pirulitos congelados de aspargo e trufas negras.

Espetinho: gelatina quente de sete verduras (cebola, pimentão vermelho, pimentão verde, ápio, rabanete, cenoura e aspargo verde) coberta com óleo de carvão. (*acima*)

Sopa de letrinhas: as letras não são feitas de massa, mas de merengue de morango. (*abaixo*)

Ventrecha (o filé) de salmão assado com confeitos e pérolas de fruta cítrica. (*acima, da direita para a esquerda*)
Caviar de melão. (*abaixo*)

Ravióli esférico de ervilha e salada de ervilha e menta.

A cozinha experimental Taller. (*acima*)
Ainda hoje a coleção de livros Laffont ocupa um lugar de honra na biblioteca do Taller. (*abaixo*)

O terraço do El Bulli com vista para a praia de Cala Montjoi.

Ferran Adrià e seu sócio Juli Soler na baía de Cala Montjoi, perto do El Bulli.

melhores cabeças do mundo: meu irmão Albert tem, por natureza, um gosto mais refinado do que eu, e Oriol Castro tem um sentido quase animal para o inusitado." Quando interrogado sobre por que os dois não abrem os seus próprios restaurantes, Adrià responde: "Isso é fácil. É porque eles sabem que não conseguiriam fazer a mesma coisa que fazem aqui sem uma equipe. Por que abririam o seu próprio negócio? Além disso, os dois sabem que *eles* são a cara do El Bulli, tanto quanto eu, o Juli e os outros".

É justamente a interação da criatividade que os une na busca pelo novo e inusitado. Mesmo que seja a lembrança de algo bem banal como a criação seguinte: "Um belo dia nos caiu nas mãos uma cachaça polonesa feita de mel e batatas. Mas o que iríamos querer com uma cachaça doce de batatas no El Bulli?", conta Ferran Adrià. "Um pouco mais tarde, quando estávamos trabalhando em um prato feito de batatas, nos lembramos do destilado e nos veio à cabeça o caramelo de mel que há tempos já fazíamos." O resultado do *brainstorming* foi fantástico: "Uma trama de mel parecendo vidro em um prato salgado." Apareceu no cardápio com o título de "*confit* de batatas, toucinho e caramelo de mel" e se assemelhava a um vidro colorido.

O sexto sentido

Um belo dia, os bullianos tiveram a idéia de incluir em suas criações, junto com os cinco sentidos normalmente conhecidos (paladar, visão, audição, tato e olfato), um "sexto sentido". Nos anuários do El Bulli está assim definido (o que deve ser encarado como um dos poucos expoentes da sua linguagem científica): "Faculdade que busca, tomando como recurso a ironia, a provocação, lembranças de infância, a descontextualização etc., evocar emoções na nossa cozinha com o objetivo de introduzir um novo componente na gastronomia: a razão, isto é, a capacidade de desfrutar a culinária não só com o paladar, mas também com a inteligência". Resumindo: comemos também com a mente. Claro que isso acontece com qualquer comida, mesmo com a culinária tradicional. O cliente julga a perfeição do preparo, avalia a criatividade e a habilidade do cozinheiro, compara-as com outras experiências culinárias e, durante o banquete, possivelmente irá se lembrar do cheiro de massa ou de leitão assado que antigamente se espalhava pela casa inteira.

Entretanto, para Adrià, essa "sexta dimensão" – levar o cliente a refletir – é de certa maneira um objetivo em si. Os cozinheiros do El Bulli tentam com um imprescindível humor transformar o cliente em cúmplice. A tática mais simples: dar um nome complicado a um prato conhecido ou a um prato simples. Um exemplo famoso: no cardápio está anunciado o prato espanhol mais famoso, a *tortilla.* Mas o simpático comensal, ao ver o prato, confronta-se com uma paisagem futurista em ruínas feita com os ingredientes do omelete de batatas ibérico. Ou as *lapas* (mariscos) de Cala Montjoi, de 1988, que nem eram mariscos, muito menos de Cala Montjoi (lá nem tem marisco). No prato havia gelatina de algas com molho de funcho frio que parecia mais ou menos como seis bongôs marrons acompanhados de uma bolha transparente, sobre os quais pairavam pequenas nuvens verdes (mas que tinham um sabor que lembrava vagamente o de mariscos).

Alguns clientes catalães não acharam nenhuma graça nesse humor escrachado. Discutiu-se nos jornais e na internet: será que pode se fazer isso? Para os criticados, tanto faz, eles tiveram mais motivo de riso na cozinha do que os clientes no salão do restaurante. O espinhaço de peixe envolto em algodão-doce anteriormente citado é outro exemplo típico desse tipo de humor como transgressão, como uma quebra de tabu controlada (tão discutível quanto o sabor) pela qual os bullianos são conhecidos.

A cabeça pode potencializar, mas também pode impedir o prazer. Então por que se comem camarões miúdos de cor cinza e ostras cruas na Europa e nos Estados Unidos, mas não se come aranha-do-mar? Por que se come escargot e rãs, mas não gafanhoto? Por que se come tripa de boi, pata de ovelha e cérebro de gado, mas não se come nem cachorro nem macaco? Muitos japoneses jamais comeriam uma feijoada espanhola. Convenção e costumes pertencem à bagagem de qualquer um que se sente a uma mesa. De qualquer maneira, comer é um ato íntimo, já que o comensal ingere algo estranho e esse algo realmente penetra no seu corpo. Para alguém como Adrià, que fez dessa transposição de fronteiras a sua ferramenta de trabalho, administrar esses limites nem sempre é uma tarefa fácil. É uma corda bamba cultural que pode começar a se romper de uma baixa altura e inesperadamente.

Quando Adrià reuniu pela primeira vez os universos doce e salgado em um único prato, alguns clientes relutaram bastante. “Eles associavam tão fortemente o doce com a sobremesa e o salgado com o prato principal que acharam a combinação ‘estranha’, como afirmaram alguns. Porém, eles não haviam percebido que não tinham problemas com combinações corriqueiras como, por exemplo, presunto com melão espanhol, *foie gras* com Sauternes, que é doce, ou até mesmo batatas fritas com coca-cola.” Assim, Adrià introduziu a regra geral de que só excepcionalmente os clientes pediriam *à la carte* e de que os garçons forneceriam instruções oralmente.

Se até 1994 se podia distinguir mais ou menos os ingredientes que compunham um prato, em 1998 se deu início ao período de desenvolvimento de *tapas*. O “gelado de limão com óleo congelado” lembrava uma pintura do espanhol Antoni Tàpies, as “sementes de girassol com chocolate” lembravam o primeiro período de Jackson Pollock, o “arroz de soja suíço com lulas miúdas”, um cristal de neve (além das próprias lulas miúdas, cuja integridade física foi preservada). E o “mosaico de crocante de framboesa e abacaxi” (2001) parecia um clássico Mark Rothko.

Ninguém sabe por que, mas em 2001 as frituras estavam em voga no El Bulli: a orelha de lebre foi fritada, assim como o broto de funcho (no tempura), as cascas de limão ou o alcaçuz. A essa altura, o nível de exigência dos clientes já estava tão elevado que tinha que ser “batatas fritas com manga e azeitonas negras” ou “chá de gengibre com rosas e pérolas de mel e espuma de pêssego quente” ou “Kir Royal com suco de trufas”. Ou a “infusão de pinha verde batida”, que ainda requer aceitação.

A equipe falhara, num primeiro momento, na produção dos “pés de galinha crocantes”. Uma pena, pois não se esperava que houvesse nenhum tabu contra essa parte do frango. As patas do frango foram refogadas, recheadas e assadas, porém o sabor ainda não convenceu. Até que se teve a brilhante idéia de fritá-las, e repentinamente as patas ficaram com gosto de gordura (e era possível reconhecer as patas do animal no prato).

A cada ano, o El Bulli faz uma lista dos pratos que "poderiam ter sido criados, mas nunca chegaram à mesa". É interessante porque freqüentemente se trata de combinações simples, como no ano de 2000: "pão com molho" (qual é o problema?), "espuma de pêssego com champanha", "rolinhos crocantes de nozes", "musse gelado com caramelo de leite", "rins com *cherry*" (por que não?), "ravióli quente de mascarpone e café com sorvete de amareto" (soa muito bem). Porém, algo ter um sabor apenas "bom" significa a sentença de morte dos bullianos para o prato.

Um critério de seleção importante é o toque totalmente novo, surpreendente ou fascinante dos ingredientes. Assim foi na seleção de 2000 com o "gelado de cerveja". Primeiro, a inovação falhou por um problema conhecido pelos apreciadores de cerveja: o gelado ficava logo sem sabor. Por isso mesmo, ele passou a ser montado imediatamente antes de ser servido.

Nesse meio-tempo, cozinheiros vieram de todo o mundo para assistir maravilhados ou só para ver o que estava acontecendo na Costa Brava que tanta repercussão provocava na mídia. E houve *uma* visita que deu aos bullianos o que contar aos seus netos. Mibu Ishida, o chef de um dos mais renomados restaurantes do Japão, que leva o seu nome, já havia comido uma vez e com grande entusiasmo no El Bulli. Como esse jantar havia lhe fornecido energia por anos a fio, ele resolveu retornar para fazer uma celebração do Ocidente com o Oriente no fogão, junto com seus cozinheiros japoneses. Os irmãos Adrià acharam uma idéia fantástica e não se surpreenderam quando, em 2005, um comboio de carros chegou a Cala Montjoi. Parecia uma excursão de funcionários de uma rede de restaurantes do país do sol nascente, com direito a participantes ilustres. Além dos cozinheiros, que já eram esperados, vieram uma equipe de tevê, vários cantores de ópera e um carpinteiro. O último começou a lixar e aparafusar as mesas, pendurou tapetes na parede, enquanto os outros retiravam louça antiga e facas especiais de dezenas de caixotes. Em uma longa série de fotos, a posteridade pode conferir os rostos atônitos de Juli Soler e Ferran Adrià quando, além das encantadoras mulheres de quimono, um homem corpulento, que inicialmente eles julgaram ser um lutador de sumô, veio cumprimentá-los (pode-se esperar tudo de alguém que traz um carpinteiro do Japão).

Hacienda Benazuza

Embora dessa vez o chef de cozinha Mibu Ishida tivesse se curvado com reverência diante de Adrià, ele já estava adiante da equipe do El Bulli em vários sentidos. Adrià de vez em quando confessava em público o seu sonho de ter um restaurante com apenas uma mesa, mas essa idéia já havia sido posta em prática há tempos no Mibu. Existe uma única mesa para oito pessoas no restaurante de vinte metros quadrados. Além disso, ele não aceita reservas e, portanto, a mesa é composta ao acaso. Dezenas de cozinheiros trabalham para servir essa mesa (o que se reflete no preço de, no mínimo, quatrocentos euros por cliente). "O Sr. Ishida é um mago da culinária", afirmou Adrià depois da visita. "Uma das experiências mais importantes da minha vida de cozinheiro foi tê-lo conhecido."

A fim de ampliar o atualmente tão famoso conceito do El Bulli, que evoca todos os sentidos, em 2001 Adrià e Soler tiveram a idéia de experimentá-lo em um hotel. A Hacienda Benazuza fica no vilarejo andaluz Sanlucarla Major, perto de Sevilha. Distante apenas quinze minutos dos engarrafamentos dessa metrópole, ergue-se essa propriedade mourisca do século X que tem uma movimentada história milenar. Após os mouros muçulmanos do Norte da África, ali se instalaram os soldados castelhanos do rei Fernando III, a seguir uma dinastia de criadores de cavalos e, finalmente, dois excêntricos do norte da Espanha: Ferran Adrià e Juli Soler.

Eles trabalharam em um novo conceito com o proprietário da Hacienda Benazuza sem ter que gastar um tostão. Receberam carta branca para a sua atuação artística, sob a condição de que transformassem o antigo moinho de fabricação de azeite de oliva em um hotel exclusivo conhecido mundialmente. Adrià escolheu Rafa Morales, um cozinheiro promissor que havia trabalhado no El Bulli durante sete anos, para dirigir os três restaurantes da Hacienda, dos quais um fica sempre aberto.

No princípio, Adrià, um fã declarado da Andaluzia, estava muito entusiasmado. Poderia dar continuidade à experiência do El Bulli dispondo de outros meios. Finalmente, ele poderia entreter os clientes por mais do que quatro horas, que é o tempo que dura um jantar no El Bulli. Os sentidos do cliente deveriam interagir com a paisagem 24 horas por dia, o cliente respiraria, veria, sentiria a Andaluzia tão logo ele entrasse no quarto: garçons discretos trazem uma garrafa de manzanilla – um vinho branco da região – em um balde de gelo, presunto ibérico de belota cortado em fatias finas e nardos frescos em formato de flor-de-lis.

Porém, a maioria dos clientes da Hacienda não vai para lá para desfrutar a beleza da Andaluzia. Eles querem estar no único lugar do mundo onde existe o El Bulli fora do El Bulli – com uma diferença pequena, mas sutil: em vez de uma experiência direta, eles passam a ter uma idéia do que é o El Bulli. É mais ou menos a diferença entre um show ao vivo e um CD. O CD pode ser maravilhoso, mas falta a atmosfera eletrizante de um show ao vivo. Ao passo que no El Bulli só é vendido o original, aqui é o templo da segunda mão.

Contudo, há alternativas. Próximo à piscina de água salgada, há uma majestosa tenda de beduínos que Morales importou de Marrakech, com pratos de faiança e pequenos bules de prata do Oriente. A cozinha com influência árabe se chama La

Alberca e combina perfeitamente com o ambiente. Ao meio-dia, quando fica muito quente – e na Andaluzia o calor é forte –, a tenda é envolta por uma nuvem de vapor, enquanto ao fundo se ouve música árabe tocada em um alaúde.

A Benazuza tem quarenta quartos e a diária de uma suíte para casal custa entre 300 e 1,1 mil euros, mais caro do que uma diária de hotel na cidade, mas mais barato do que a maioria dos hotéis cinco estrelas de Madri, Paris ou Berlim na mesma categoria.

A *joint-venture* chamada elBullihotels & Resorts tinha grandes planos quando da sua inauguração no ano de 2001 – até 2006, seriam inaugurados hotéis "Bulli" em Barcelona, na ilha croata de Brioni e em Mallorca, e até 2010 mais dez hotéis. Porém, até agora só foi concretizado o projeto piloto da Hacienda Benazuza. Embora no início Adrià e Soler estivessem entusiasmados com a idéia de exportar a filosofia Bulli, logo deixaram essa idéia de lado. Pois, mesmo que os dois não tenham admitido isso publicamente, o original costuma enfraquecer depois da primeira cópia.

O manifesto espanhol

A partir de 2003, os bullianos concretizaram o seu sonho de uma "revolução permanente da culinária" de forma mais conseqüente. Ferran Adrià deixou claras mais uma vez as suas idéias sobre a culinária de vanguarda – e a delimitação dessa com a "gastronomia molecular" – em um tipo de "manifesto culinário" durante a abertura da feira de gourmets Madrid Fusion, em 2005. Entre os ouvintes havia colegas que seguem os mesmos princípios, como Heston Blumenthal e Thomas Keller, e toda a imprensa que faz a cobertura da culinária internacional.

Ferran Adrià começou a sua palestra com uma homenagem à nouvelle cuisine. "Eu me curvo perante os mestres, mas nos reciclamos nos últimos anos, e muita coisa mudou", disse. Ele admitiu que os críticos da cozinha de vanguarda tinham todo o direito de ter a sua própria opinião. Entretanto, a culinária não é independente do seu tempo. Estagnação nunca significou progresso. Então, Adrià esboçou os "23 princípios do El Bulli" e, por tabela, também da vanguarda do começo do século XXI, cuja primeira frase é: "A culinária é uma linguagem que media harmonia, criatividade, sorte, beleza, poesia, complexidade, magia, humor, provocação e cultura".

A comparação dos princípios propagados em Madri (a seguir designados como FA) com os "Dez mandamentos da nouvelle cuisine", de 1973 (a seguir designados como NC), tornou claras para os participantes do congresso algumas diferenças dignas de nota:

Princípio FA:	Qualidade máxima dos produtos, que são valorizados independentemente do preço: "Caviar é bom, mas sardinha também tem ovos".
Mandamento NC:	Use produtos frescos e de alta qualidade.
Princípio FA:	Prioridade para verduras e frutos do mar.
Mandamento NC:	Algo como: "Libere o cardápio de alimentos pesados", mas isso não está explícito nos mandamentos.
Princípio FA:	O cozinheiro deve utilizar novas tecnologias para promover o progresso, mas também deve dominar as técnicas culinárias clássicas. Evitar, porém, técnicas que afetem os aromas originais.
Mandamento NC:	Seja engenhoso, mas não moderno a qualquer preço.
Princípio FA:	"Em vez de molhos, introduza caldos, águas, sucos."
Mandamento NC:	Evite molhos pardos e brancos (e sirva refeições leves).

Até esse ponto, os princípios de Adrià revelam a sua admiração por seus ídolos. Ele deixa claro de quem ele é discípulo. Entretanto, mais de três décadas se passaram desde o começo da revolução da nouvelle cuisine, e Adrià continuou desenvolvendo as suas idéias principais – como ele mesmo afirma – no sentido da revolução. Mas já que uma nova revolução pressupõe a existência de um sistema dominante a ser superado, era inevitável que Adrià também postulasse princípios que revolucionassem o sistema dos antigos deuses da cozinha:

Princípio FA:	Não se deve agir guiado somente pelos sentidos, mas também pelo espírito, pela reflexão. Os sentidos são igualmente responsáveis pela distinção entre diferentes temperaturas e texturas.
Mandamento NC:	Dos sentidos, além do paladar, foi citada a visão.
Princípio FA:	A pesquisa do novo é fundamental para a criação culinária, e a "busca técnico-conceitual" é a base da criatividade.
Mandamento NC:	Nenhum cozinheiro jamais teria compreendido essa expressão.
Princípio FA:	Os limites entre o mundo do doce e o do salgado (...), principalmente no universo dos gelados, são de grande importância.
Mandamento NC:	Por "universo gelado" se entendia somente congelados; ninguém havia tido a idéia de brincar com as diferenças de temperatura.
FA:	Espetáculo e *performance* são totalmente legítimos, desde que não sejam superficiais e que nasçam de uma reflexão culinária.
NC:	Naquela época não havia essa idéia.
Princípio FA:	O menu degustação é a mais fina expressão da cozinha de vanguarda.
Mandamento NC:	Naquela época ninguém assinaria embaixo.
Princípio FA:	A cooperação entre especialistas de diversas áreas (cultura, história, desenho industrial etc.) é essencial para o progresso. A colaboração com a indústria de gêneros alimentícios e com o mundo da ciência levou a avanços fundamentais, principalmente

porque esse conhecimento é compartilhado pelos cozinheiros.

Mandamento NC: A expressão "indústria de gêneros alimentícios" era considerada um xingamento naquela época.

O fato de Ferran Adrià ter elaborado esses princípios não significa que eles são de validade geral. Contudo, eles têm a sua credibilidade devido à grande massa de cozinheiros internacionais que consideram Adrià como exemplo. E também porque os jornais mais importantes da França, da Espanha e dos Estados Unidos o aclamaram como o "melhor cozinheiro do mundo".

Após a revolução da nouvelle cuisine, a França ainda reinava de maneira irrestrita no reino da alta gastronomia. A ascensão de Ferran Adrià como chef internacional de vanguarda, no entanto, rompeu pela primeira vez esse domínio absoluto. Em três séculos ninguém havia ousado ameaçar o reinado da cozinha francesa. Qualquer um que tivesse outra opinião teria que retirar o "insulto à majestade". Eis aqui uma pequena retrospectiva de três séculos de supremacia:

No início era o coletivo. O Império Romano não só disseminava aquedutos, mas também a cozinha italiana. Na Idade Média, os mosteiros católicos assumiram a preservação da cozinha pan-européia. O primeiro autor famoso de livros de culinária se chamava Taillevent e escreveu o seu livro sobre carnes, *Le Viandier*, em 1375, mas ele só foi impresso em 1490.

Graças a outros dois precursores na confecção de livros de culinária, La Varenne (*O jardim francês*) e Nicolas Bonnefons (*O cozinheiro francês*), a aristocracia rural sabia o que era obrigatório na corte de Versalhes. A França ainda estava cercada pelas culinárias mais progressistas dos vizinhos Inglaterra, Flandres e Itália.

Não foi por acaso que a aspiração da França a representante única da alta gastronomia começou com o domínio político e cultural de Luís XIV (1638-1715), o Rei Sol. Ele brilhou em Versalhes e por toda a Europa, a corte francesa se tornou um ideal para os soberanos da Inglaterra e até da Alemanha e da Rússia. Chique era o que vinha de Versalhes. Foi então que surgiu uma idéia totalmente nova na culinária: não mascarar mais o sabor dos ingredientes com temperos, mas liberar o sabor. A primeira briga entre os cozinheiros franceses conservadores e os inovadores foi iniciada em 1735 por um autor de livros de culinária chamado Vincent La Chapelle, com a sua obra *Querelle des Anciens et des Modernes* [Briga dos antigos e dos modernos] (...), em que ele rotulou os clássicos do século XVII como antiquados.

Cinqüenta anos mais tarde, foi exatamente a Revolução Francesa que veio a elevar a culinária ao reino das Belas-Artes. Diferentemente da Inglaterra, onde já havia restaurantes, essa idéia ainda não havia se estabelecido plenamente na França. As poderosas e conservadoras associações profissionais exigiam que em hotéis para viajantes só houvesse pensão completa, pois elas dividiam a culinária entre si: a associação responsável pelos hotéis tinha que servir um menu *único* (quente), os *traiteur*s (especialistas em vender comidas prontas) detinham o monopólio sobre as carnes cozidas, e os açougueiros, o monopólio dos patês. Com o passar do tempo, as poderosas associações começaram a tolerar exceções, especialmente em Paris. Assim, surgiu o primeiro restaurante da França, o Champ d'Oiseau, depois o Boulanger, próximo ao Louvre, onde se serviam caldos, molho branco e patas de ovelha. Até o ano da Revolução, 1789, havia na cidade cinqüenta restaurantes com uma regulamentação especial desse tipo. Finalmente, a Revolução Francesa acabou com o poder das associações e provocou uma verdadeira explosão de restaurantes: em 1815, ano do início da restauração política, já havia três mil restaurantes.

O que se cozinhava na corte era imitado não apenas em toda a França, mas também no resto da Europa. Os irmãos franceses Gouffé fizeram uma carreira exemplar em meados do século XIX: a italiana Catarina de Médici havia exportado o sorvete da Itália para a França no século XVI, mas foram os irmãos Gouffé que o transformaram em um sucesso mundial. Eles criaram a *bombe de glace* (assim como a costela de ovelha) e levaram essas conquistas do imperador Napoleão III (Jules Gouffé) para as grandes cortes em São Petersburgo (Hippolyte) e para a corte inglesa (Alphonse). Como *officiers de bouche*, chefs de cozinha reais, eles fizeram com que o xá da Pérsia soubesse, daí em diante, o que era uma bomba de sorvete.

Marie-Antoine Carême, o cozinheiro de Talleyrand – político que conseguiu o feito de representar a França antes, durante e depois da Revolução Francesa no campo diplomático –, era considerado o prodígio do século XVIII. Com apenas nove anos, ele já trabalhava em uma cozinha ambulante e mais tarde deu início a uma nova era na culinária. Os *tournedos Rossini* (filé com uma fatia de *foie gras*), que ele criou pessoalmente para o compositor italiano, são servidos até hoje. Como primeiro-cozinheiro, Carême tinha permissão para entrar no salão após o jantar e conversar com os entusiasmados convidados – como os pintores Delacroix, Ingres, ou o compositor Chopin –, como se estivessem no mesmo nível social (o que muitos contemporâneos consideravam altamente impertinente).

Somente em 1826 a alta gastronomia foi considerada digna de um estudo teórico com a obra *Fisiologia do gosto*, de Brillat-Savarin. Hoje em dia, a obra, com seu ar científico, parece bastante distante disso, mas para Alexandre Lazareff, diretor-geral do Conselho Nacional de Arte Culinária, a simples tentativa de atribuir à culinária um caráter científico é mais um indício para a sua polêmica tese: "As pessoas podem debater longamente sobre qual é a melhor cozinha do mundo, mas ninguém pode afirmar que a comida tenha sido levada em qualquer outro lugar tão a sério quanto por nós, franceses. Não comemos mais apenas para matar a fome, mas também para assimilar uma parte da alma do cozinheiro". O próprio Lazareff é a encarnação do entusiasmo dos franceses, pois em que outra nação do mundo um funcionário público é pago para manter a pureza da "arte culinária"?

Na mira da política

Em meados de 2007, havia mais de 2,5 mil artigos sobre Ferran Adrià no arquivo El Bulli, totalizando quatorze mil páginas de jornais e revistas de todo o mundo. Adrià valoriza especialmente dois artigos porque eles marcam uma situação antes/depois que ele aprecia muito: *antes* do artigo da revista do *New York Times* de 10 de agosto de 2003 e do artigo no *Le Monde* de janeiro de 2004, o El Bulli era considerado uma das cozinhas mais interessantes do mundo. Somente *depois* Ferran Adrià ficou conhecido pelo rótulo quase oficial de "melhor cozinheiro do mundo". Ao deixar o pequeno universo do jornalismo gourmet e penetrar no mundo dos grandes jornais, passaram a valer novas regras: de repente, Adrià tornou-se motivo para conflitos que não tinham nenhuma relação com a culinária. O jornalista do *New York Times* Arthur Lubow escreveu um artigo de onze páginas, que também continha uma alfinetada política contra a França (pelo menos muitos franceses e americanos assim interpretaram, na época), no qual dizia que "os espanhóis varreram do pódio os franceses, paralisados pela autocomplacência".

Naquele exato momento, membros europeus do Conselho de Segurança da ONU – como a França e a Alemanha – haviam negado apoio aos Estados Unidos, que queriam iniciar um conflito armado contra o Iraque. O ministro de Relações Exteriores da França, Dominique de Villepin, tornou-se por um breve momento uma estrela da política internacional porque proferiu na ONU um discurso (patético) contra a política do presidente americano George W. Bush no Iraque. O governo americano *não gostou* e, a partir daí, passou a distinguir entre "a velha e a nova" Europa. De acordo com eles, a Espanha, cujo governo enviou soldados para a Guerra do Iraque, fazia parte da "nova" Europa, enquanto a Alemanha e a França pertenceriam à "velha" Europa.

A briga sobre a invasão do Iraque também envolveu a culinária americana e tem rendido maravilhosas pérolas até o momento. As batatas fritas servidas na cantina do parlamento norte-americano deixaram de se chamar *french fries* (literalmente, "fritas francesas") e passaram a se chamar *freedom fries* (fritas da liberdade). Durante esse período de ânimos acirrados na política externa, foi publicado o artigo de Lubow sobre o El Bulli. Ele citou Rafael García Santos, um crítico de gastronomia, como testemunha-chave da modernidade da Espanha: "Os cozinheiros espanhóis compreenderam que devem fazer uma culinária artística, tanto faz se as pessoas realmente a entendem ou não". Picasso também não se questionou se a massa se interessava por suas pinturas. "Poucas pessoas na Espanha podem julgar Picasso e o El Bulli corretamente. Apesar disso, Adrià venceu a ideologia da cozinha tradicional, e muitos jovens cozinheiros querem fazer exatamente o mesmo que ele faz – e é isso o que importa." O papa da crítica culinária espanhola, Santos, foi além do que Lubow escreveu no seu artigo: "É uma vergonha o que está acontecendo na França, porque admirávamos a culinária de lá e aprendemos com ela. Há vinte anos, todo mundo tinha que aprender com os franceses – hoje vamos lá para ver como não se deve cozinhar".

Um pouco mais tarde, em janeiro de 2004, os colegas parisienses do *Le Monde* também foram arrebatados pela magia do El Bulli. "Isso não é um *dîner* (jantar), mas uma aventura, uma viagem, uma expedição inacreditável que dura quatros horas ininterruptas", escreveu Jean-Michel Normand, que se sentiu "como um peregrino no caminho de Santiago". Porém, não seria correto deixar que chamassem toda a culinária francesa de atrasada. O jornalista do *Le Monde*, Normand, convocou o chefe britânico (!) da edição francesa do guia Michelin parisiense, Derek Brown, como testemunha de defesa. Mas ele não quis saber de uma troca da guarda na vanguarda culinária: "Hoje em dia, os cozinheiros do primeiro time não se interessam por esses debates artificiais. Eles estão mais preocupados em saber se o seu restaurante vai ficar lotado à noite". No mesmo artigo, Normand citou o historiador de culinária francês Jean-Pierre Poulain: "O restaurante El Bulli não tem nada a ver com um jantar, mas com uma experiência sensorial do paladar que é bastante elitista. Se a refeição deve ser encarada como uma obra de arte, ela perde o seu sentido original. Quando jantei no El Bulli, vi clientes que fizeram a maior careta quando viram o jantar, como se quisessem ir embora imediatamente".

Claro, o artigo de Arthur Lubow no *Times* elogiava Adrià. Contudo, Adrià recusou-se publicamente a confrontar a culinária espanhola e a francesa. "Para mim sempre foi ponto pacífico: quando se quer ser alguém no mundo da culinária, é preciso ganhar reconhecimento na França." Ferran Adrià sabia que a verdade, se é que existe, estava em algum ponto entre as duas posições e, por isso, segurou a bola (como se diz na linguagem do futebol): "Como posso pretender tirar a culinária francesa do pedestal se eu mesmo me considero filiado a um período tardio da nouvelle cuisine francesa? Não, não entendo esse debate nacionalista".

O cozinheiro como artista?

Alain Ducasse – o cozinheiro voador

"Qual é a diferença entre um astronauta francês e um astronauta americano?", é o que o historiador de gastronomia Lazareff gosta de perguntar às suas visitas. "O francês degusta os menus criados por Ducasse, enquanto o americano tem que se contentar com rações de sobrevivência."

Quando Alain Ducasse, que desde 2006 cria as refeições dos astronautas franceses, viaja a negócios, ele segue o seguinte plano de viagem: Singapura, Japão, Las Vegas, Nova York, ilhas Maurício. E tudo isso em dez dias. Os vôos quase semanais Mônaco-Paris não contam como viagens de negócios, equivalem às pessoas normais pegando o ônibus para ir trabalhar. Pois Alain Ducasse é um cozinheiro que não cozinha. Ele é um gerente de primeira linha que reina soberano em um domínio gastronômico que se estende por onze países, da Ásia até a América, e onde o sol nunca se põe. E ele consegue a façanha de participar do time das três estrelas com três de seus cerca de 25 restaurantes: no parisiense Plaza Athénée, no Le Louis XV, em Mônaco, e no Essex House, em Nova York.

No princípio, o caso Ducasse provocou uma crise interna no guia Michelin, pois até aquele momento valia a regra: um chef de cozinha para cada restaurante. É impossível que um chef cozinhe simultaneamente em vários restaurantes. Isso poderia funcionar por algum tempo, mas sem a assinatura do chef chega um momento em que inevitavelmente vai tudo por água abaixo. E somente aquele cozinheiro que realmente fica na cozinha merece receber as três estrelas? O problema para o Michelin foi que, nas visitas a Mônaco e Paris, os inspetores dos restaurantes de luxo de Ducasse não conseguiram verificar, nem mesmo com toda má vontade, desvio algum da perfeição. E isso que os dois navios da armada de Ducasse são bastante diferentes. Em Paris, ele cria uma culinária francesa suntuosa (baseada na Borgonha); em Mônaco, ele apresenta uma cozinha mediterrânea leve. Quase nenhuma manteiga nem nata, apenas um fio de azeite de oliva para arrematar. Nascido em 1956, o filho de agricultores Alain Ducasse, que aprendeu com Alain Chapel "a perfeição na simplicidade e o culto da qualidade do produto", nunca esquece a quem deve gratidão. Hoje em dia, há na França mais artigos em que Ducasse fala com admiração do seu grande mestre do que sobre o próprio Chapel.

Aos 28 anos, Ducasse já tinha duas estrelas pelo restaurante La Terrasse, em Juan-les-Pins, quando o pequeno avião que o levava para Courchevel caiu. Nenhum sobrevivente além de Ducasse. Ele teve que passar um ano preso a uma cama de hospital e andar três anos de muleta, mas conseguiu se levantar novamente e, depois do acidente, se sentiu ainda mais motivado a continuar construindo a sua carreira culinária: "Eu estive mental e fisicamente tão perto da morte que a partir daí tudo se tornou relativo – e agora desfruto de cada momento com muito mais prazer".

Mesmo que Ducasse não esteja constantemente à frente do fogão, *ele* cria os pratos do seu império, inspeciona regularmente todos os cardápios e se ocupa de vários detalhes, até mesmo da decoração. Cada um dos seus restaurantes tem um perfil meticulosamente definido por ele e adequado ao lugar: por exemplo, em Las Vegas, ele administra a preparação de refeições em grandes quantidades para quinhentos clientes em um cassino; já em Paris e Mônaco, serve alta gastronomia para menos de cinqüenta clientes. Ducasse revolucionou a imagem do chef de cozinha ao se desligar da implementação artesanal de suas idéias. Pela primeira vez na história da gastronomia, um cozinheiro pode ser só espírito. Além disso, como pode um cozinheiro supervisionar o trabalho em tantos restaurantes simultaneamente e manter um nível tão alto? Ele não precisa fazer isso pessoalmente. Ele só precisa de uma qualidade que nem todos os cozinheiros têm: saber coordenar pessoas e ser um gerente de talentos. O Sistema Ducasse só funciona se houver colaboradores dignos de confiança em todos os estabelecimentos e em todas as posições estratégicas. "Levamos três anos para treinar alguém", afirma Franck Cerutti, o chef do Le Louis XV, que também é famoso, mas continua trabalhando para a marca Alain Ducasse.

Para Ferran Adrià, Ducasse é "talvez o grande inovador da cozinha contemporânea", ele é, no mínimo, um gênio em matéria de organização. Quando Ducasse jantou com Paul Bocuse no El Bulli, a reunião das três estrelas aconteceu sem problemas. Paul Bocuse já fizera o seguinte comentário sobre a cozinha mediterrânea de Ducasse: "É culinária italiano-provençal com bons ingredientes, mas não é alta gastronomia". Por sua vez, Ducasse nunca havia feito segredo do fato de que não era um grande admirador da cozinha experimental de Adrià. O cozinheiro catalão e o francês são muito diferentes. Um está todas as noites no seu El Bulli e quer permanecer com essa culinária, que ele subvenciona por meio de contratos de publicidade. O outro é um gerente talentoso que à noite nunca está em uma de suas cozinhas e ganha tão bem a ponto de recusar contratos de publicidade. Fogo e gelo: um gerenciamento genial, embora frio em contraste com a obsessão de uma revolução permanente na culinária. Apesar de que o criador de tendências Ducasse também se inspira em Adrià: ele fez pelo menos três empréstimos para o menu degustação da primavera de 2007 do Plaza Athénée. Enfim, os dois são modernos à sua maneira, um por ter modernizado a cozinha tradicional, o outro porque tem como objetivo a renovação e a busca pelo novo.

No país da alta gastronomia, o conflito entre inovação e tradição quase provocou uma cisão entre os trabalhadores da alta gastronomia em 1996. Naquele ano ocorreu um fato inédito, impensável até aquele momento: Pierre Gagnaire, considerado um semideus devido às suas três estrelas, declarou uma bem mundana falência. Para o público da provinciana Saint Étienne, na Borgonha, a sua cozinha visionária e criativa foi visionária e criativa demais. Segundo suas próprias palavras, Gagnaire "ficou tão pobre que não teve sequer condições de manter a própria casa". Entretanto, em breve ele teve uma nova oportunidade, não mais como proprietário, mas como funcionário do Hôtel Balzac, na rua de mesmo nome em Paris. O problema de Gagnaire colocou lenha na fogueira dos tradicionalistas e motivou o projeto ousado de um grupo de chefs de cozinha franceses, entre eles Ducasse, Robuchon e Loiseau, de publicar um manifesto em prol da cozinha conservadora. Eles exigiram com veemência uma volta à tradicional cozinha francesa. Chega de cuscuz e lagostas australianas, os tradicionalistas queriam um retorno no tempo (um retorno até mesmo para antes da nouvelle cuisine). Exigir "nossa história, nossas regiões, nossos produtos" e dar prioridade a produtos franceses.

O manifesto dos conservadores era "arcaico, fora da realidade e ameaçador", contra-atacaram os representantes de uma cozinha inovadora, como Michel Guérard, Marc Veyrat, Alain Senderens. Os guardiães da tradição recusaram as acusações e partiram para a provocação usando a paródia da "McWorld-cuisine". A recusa a qualquer desvio da ortodoxia trouxe à lembrança dos autores do manifesto a imagem de um "desfile militar da época do Breschnev". Somente Paul Bocuse não se posicionou, mas fez uma observação precisa sobre o fato: "Isso não passa de uma piada, não é? Há muito que os caranguejos vêm da Turquia e já não existe mais salmão no Loire".

Já que a arte culinária não é o Congresso, o conflito velho *versus* novo não pode ser resolvido por meio de votação, apenas pela classificação dos restaurantes, que, entretanto, é sempre baseada em uma avaliação momentânea e reducionista. Desde 2006, a revista britânica *Restaurant Magazine* envia 650 avaliadores gourmets aos cinco continentes para investigar quem poderia ser o número 1 da culinária. Se dermos crédito a esse ranking mundial, os inovadores levam claramente vantagem na briga com os tradicionalistas. De acordo com a enquete realizada pela revista *Restaurant Magazine*, o ranking dos melhores restaurantes do mundo no ano de 2007 é o seguinte:

1. Ferran Adrià, El Bulli (Espanha, Roses)
2. Heston Blumenthal, The Fat Duck (Grã-Bretanha, Bray, Berkshire)
3. Pierre Gagnaire, Pierre Gagnaire (França, Paris)
4. Thomas Keller, French Laundry (Estados Unidos, Yountville)
5. Tetsuya Wakuda, Tetsuya (Austrália, Sydney)
6. Michel Bras, Bras (França, Laguiole)
7. David de Jorge/ Andoni Luis Aduriz, Mugaritz (Espanha, San Sebastian)
8. Alain Ducasse, Le Louis XV (Mônaco, Monte Carlo)
9. Thomas Keller, Per Se (Estados Unidos, Nova York)
10. Juan Mari Arzak/ Elena Arzak (Espanha, San Sebastian)

(...)

13. Joël Robuchon, L'Atelier de Jöel Robuchon (França, Paris)

(...)

20. Alain Ducasse, Plaza Athénée (França, Paris)

Chama atenção o fato de três espanhóis e somente dois franceses estarem entre os dez melhores e também o de Alain Ducasse ser o único tradicionalista do grupo. Se levássemos em conta o número de estrelas no guia Michelin, Alain Ducasse ocuparia o primeiro lugar no mundo com um total de nove estrelas, seguido pelo norte-americano Thomas Keller, com seis. É bem provável que enquetes como a promovida pela *Restaurant Magazine* favoreçam uma culinária nova e mais espetacular. Aparentemente os chefs de cozinha favorecidos por avaliadores especializados são também aqueles que aparecem com maior freqüência na mídia.

Alain Ducasse encontra Karl Lagerfeld

O que é criatividade? O que faz com que uma estrela mundial seja diferente de uma pessoa que "só" trabalha duro? Eu esperava encontrar respostas para tais perguntas em uma conversa entre o cozinheiro mais premiado do mundo, Alain Ducasse, e a lenda da alta costura Karl Lagerfeld. Entretanto, existem idéias que nós, jornalistas, deveríamos tirar logo da cabeça. Uma dessas idéias é a entrevista com duas celebridades. Se já é muito difícil marcar uma entrevista com uma estrela internacional, mais difícil ainda é conseguir um dia em que *duas* tenham disponibilidade. Consegui esse feito após um *lobby* de nove meses.

Finalmente, no dia 9 de março de 2007, lá estava eu pontualmente com Alain Ducasse no saguão do hotel parisiense Plaza Athénée, onde fica o seu restaurante três estrelas. Aguardamos uns quinze, trinta minutos, e foi Lagerfeld quem se atrasou. Ducasse, que me parecera um pouco reservado em uma entrevista anterior, foi ficando cada vez mais inquieto, pois ele havia cancelado dois compromissos para poder participar desse encontro e teria que cancelar outros três (!) para ter uma segunda hora disponível.

Ducasse e Lagerfeld já haviam se encontrado algumas vezes anteriormente, mas só trocaram algumas palavras. Quanto mais tempo esperávamos, mais ia ficando claro para mim que Ducasse não estava inquieto por causa dos compromissos cancelados. Ele estava inquieto porque considera Lagerfeld uma das pessoas mais criativas do nosso tempo. Ducasse tinha a expectativa de ver confirmada a sua tese de que a relação de ambos com o processo criativo cotidiano não difere muito. Após quarenta minutos, fomos libertados. Um jipe de guerra americano estacionou e Karl Lagerfeld desceu. A conversa ia começar.

Pergunta: O que vocês fariam se pudessem entrar na pele um do outro por um dia?

Lagerfeld: Pensando nos clientes dos restaurantes, espero que isso nunca aconteça. E, se acontecer, vou tirar um dia de folga.

Ducasse: Eu olharia o dia inteiro tudo o que Karl Lagerfeld já criou, todas as coleções. Isso me interessa.

Pergunta: Vocês acham que se pode comparar o trabalho criativo na alta costura com o da alta gastronomia?

Lagerfeld: Claro, inevitavelmente. Há paralelos em tudo o que é criado com cuidado, precisão e dedicação, mesmo que o produto final não seja semelhante. Nós dois criamos arte para o consumo, embora as criações de Alain Ducasse sejam mais efêmeras do que as minhas. Acho que exige coragem colocar tanto refinamento em algo que as pessoas talvez desfrutem por apenas quinze minutos.

Ducasse: ...mas a lembrança de uma boa comida pode permanecer para o resto da vida. Exatamente porque o cardápio é efêmero, esses podem ser momentos inesquecíveis – o mesmo ocorre com os seus desfiles.

Pergunta: Qual a percentagem de criatividade e de trabalho árduo para vocês terem chegado onde estão hoje?

Ducasse: Vou responder antes de Karl. Talento corresponde a somente cinco por cento, os outros 95% são predisposição para aprender e trabalho árduo.

Lagerfeld: Concordo. Creio que Ducasse tem razão.

Pergunta: Será que esses cinco por cento, vamos chamar isso de intuição, estão sempre disponíveis, conforme lhes convém?

Ducasse: Quem dera! Quando pego uma folha de papel em branco para planejar um cardápio, paira sobre mim a necessidade de criar um prato para o dia seguinte. Às vezes, assusta essa idéia de "tenho que produzir". Pois nem sempre a cabeça colabora...

Lagerfeld: Você se assusta? Já me conformei com a idéia de jogar muitos esboços na lixeira.

Pergunta: Mas Sr. Ducasse tem que fornecer idéias para 25 cozinhas...

Ducasse: E tenho que adivinhar as novas tendências para essas cozinhas quando a tendência ainda não surgiu. Pois é. Mas você, *Monsieur* Lagerfeld, pode, você chegou ao topo.

Lagerfeld: Não mesmo, eu sempre improvisei, comigo ocorre o mesmo que com você. A melhor prova disso é que tenho que começar tudo de novo a cada seis meses. Mas me diga, Sr. Ducasse, uma coisa que sempre quis saber: como se reconhece desde cedo que se tem um talento especial para a cozinha?

Ducasse: Eu não diria talento, mas tenho a impressão de que chega um momento em que você demonstra domínio do assunto, você se sente bem fazendo aquilo.

Lagerfeld: E como se atinge esse ponto? Quero dizer, como se chega a esse ponto quando se é criança?

Ducasse: Aos doze anos fiz a opção pela culinária. A minha avó cozinhava. As minhas lembranças do aroma dos pratos fizeram com que eu decidisse me tornar cozinheiro, para desespero dos meus pais. Os esforços da minha mãe em tirar a idéia da minha cabeça só me levaram a ter mais certeza da minha decisão.

Lagerfeld: Quando era criança, por um bom tempo quis ser padeiro, mas a minha mãe me proibiu: nem pensar, você vai ficar gordo.

Pergunta: Quando você soube que queria ser estilista de moda?

Lagerfeld: Sempre me interessei pelas roupas das pessoas, antes mesmo de saber que isso se chama moda. Quando era criança, não sabia que isso era uma profissão. Então, aos dezesseis anos, tirei o primeiro lugar em uma competição internacional de desenho de moda, da qual participaram duzentos mil candidatos. Quando se agarra uma mínima chance, também se pode chegar lá. Acredito no poder da sorte. Existem homens com muito talento, mas pouca sorte. Ter sorte é uma questão de acaso, a minha vida se baseia no acaso.

Ducasse: Hoje em dia, há cozinheiros excelentes em todo o mundo. Antigamente, assim como no mundo da moda, a culinária de primeira linha era européia. Atualmente se cria em todo o mundo. O conhecimento é a coisa que se pode exportar com maior rapidez. A diferença sutil está no fato de que conhecemos o nosso passado, temos raízes profundas e, a partir dessas raízes, podemos crescer mais.

Lagerfeld: Durante algum tempo a cozinha foi muito pretensiosa...

Pergunta: Você está falando dos seguidores da nouvelle cuisine?

Ducasse: Isso só foi um efeito, do qual não restou nada. Acho que, na moda, ocorre algo semelhante. Certamente houve jovens estilistas sobre os quais se falou muito e que depois desapareceram.

Pergunta: Você se interessa por moda, Sr. Ducasse?

Ducasse: Adoro moda, adoro design. Se você trabalha de forma criativa, você não está distante do design. Forma e conteúdo, harmonia, forma natural, o design dos restaurantes, isso tudo está estreitamente relacionado. Tudo contribui para que tenhamos momentos mágicos. Acrescentem-se os ruídos, a luz, os garçons: é uma mescla sutil que contribui para que a clientela esqueça da conta. Caso contrário, não fizemos um bom trabalho. De todo o show, somente a mágica do momento deve permanecer.

Lagerfeld: Como cliente ocasional de restaurantes, gostaria de observar que também acho a aparência importante: os copos, a toalha de mesa, louças e talheres. Tenho um fraco por antigas toalhas de mesa bordadas. Acho divinas.

Ducasse: E o que você faz com elas?

Lagerfeld: Nada em especial. Eu as empresto para mulheres ricas que não têm peças tão bonitas.

Ducasse: Isso é engraçado, também sou fã de decoração de mesa sofisticada. Quando compramos o restaurante na Torre Eiffel, coloquei na antiga sala do arquiteto Gustavo Eiffel uma única mesa cuja toalha, talheres e copos os próprios clientes podem escolher. Eu estava acalentando essa idéia há algum tempo, embora eu seja um mero comerciante do efêmero.

Lagerfeld: Mas eu amo o efêmero. Somente o efêmero sobrevive. Do contrário, seria "rotina" e, nesse caso, deveríamos encerrar as atividades. A perfeição é enganosa. Quando algo está perfeito, temos que inventar uma coisa nova, a perfeição não pode durar para sempre. Temos que evitar nos confrontar com a própria perfeição, nos distanciar do sucesso e do questionamento que nasce com ele. Não podemos estar certos de nada que conseguimos. Esse tipo de segurança é perigosa. Nunca olho para trás, o passado não me interessa.

Pergunta: Mas o que você tem contra o passado?

Lagerfeld: Para mim, viver significa sobreviver – não "antigamente", mas hoje, amanhã, depois de amanhã.

Pergunta: É curioso que muitos gigantes da criatividade, como Ferran Adrià, se interessem pouco pelo passado. Vocês acham que a alta gastronomia e a alta costura fazem parte do patrimônio cultural da França?

Ducasse: Sem dúvida. Isso permite, por exemplo, que pequenos produtores de um tipo raro de damasco continuem produzindo, ou, no caso de Karl, que uma casa como a Lesage* e o seu ofício não desapareçam.

Lagerfeld: Chanel incorporou muitos artesãos desse tipo, se não eles não teriam sobrevivido. Sem eles não haveria alta costura.

Ducasse: Seria péssimo se um conhecimento desse tipo, um *savoir-faire*, como alguns tipos de frutas, verduras, animais ou plantas desaparecessem.

Ducasse: Sr. Lagerfeld, posso lhe perguntar como você se alimenta?

Lagerfeld: De acordo com a fitoterapia. Juntamente com o meu médico, consegui atingir um equilíbrio que não pretendo mais mudar. Tenho dois cozinheiros que se alternam e que me acompanham durante viagens. E durmo sete horas por noite. Uma vida sem álcool, cigarros ou drogas contribui para que eu esteja com saúde. Além disso, saio raramente. E você, como se alimenta um cozinheiro três estrelas?

Ducasse: Não me alimento muito bem, de jeito nenhum. Às vezes não como por falta de tempo, mas tenho que testar os cardápios dos meus restaurantes. Às vezes, tenho que testar somente sobremesas...

Lagerfeld: Veja só, ao menos eu não tenho que provar as roupas.

---

* Casa parisiense especializada em bordados para estilistas de moda. (N.T.)

Pergunta: Vocês têm férias do trabalho criativo? Quando foi a última vez que vocês tiraram férias?

Lagerfeld: Fazemos o que gostamos. Se eu trabalhasse em uma fábrica ou sentasse o dia inteiro na frente do computador, também acharia que férias são absolutamente imprescindíveis. Sou interessado em tudo, quero saber tudo, gosto de ler os meus papéis, meus livros. Não delimito a fronteira entre trabalho e ócio. Acho que acontece o mesmo com Alain Ducasse. Ele adora o que faz, certamente sonha com seu trabalho, mesmo que não esteja pensando nele antes de dormir. Quando durmo penso em coisas que anoto depois que acordo.

Ducasse: Uma vez tentei tirar férias na neve, em Salt Lake City. Mas o que aconteceu? Sofri um acidente esquiando.

Lagerfeld: Então não foram férias.

Ducasse: Foi a última tentativa que fiz de dar uma respirada. Não funcionou.

Pergunta: Qual a importância que você dá aos críticos?

Ducasse: A mídia tem um grande poder. Por exemplo, se falou muito na culinária espanhola e italiana. Contudo, chegou a um ponto em que eu disse aos jornalistas: "Quero que vocês me dêem o nome de dez grandes cozinheiros espanhóis e dez grandes cozinheiros italianos". Eles me disseram dois nomes: Adrià e Arzak. E quem vem depois? Vou lhes dizer: só tem esses dois grandes. Entretanto, se você me der uma caneta, escrevo rapidamente o nome de cinqüenta grandes cozinheiros franceses.

Lagerfeld: Os críticos são sempre subjetivos. É sempre mais dura a crítica emitida por alguém de quem gostamos do que uma crítica feita por uma pessoa que não nos diz nada. Claudel já dizia: "É mais fácil suportar ódio e descaso do que adoração". Isso é muito bom, pois a adoração me dá sono.

Ducasse: Ruim mesmo é quando não se fala mais de alguém.

Lagerfeld: Isso é outra coisa, isso é o pior de tudo.

Depois de uma hora de entrevista, foi difícil motivar as duas estrelas para uma foto porque eles estavam ansiosos para trocar endereços de estilistas de Nova York a Biarritz. A suposição de Ducasse havia se confirmado: ambos têm certas características de personalidade e interesses comuns, comuns também a Ferran Adrià. Eles não separam mais trabalho de tempo livre, a criatividade não aflora necessariamente quando eles precisam dela e eles são todos fascinados por design enquanto arte contemporânea e arte de consumo.

O chamado da Documenta

De junho a setembro de 2007, ocorreu em Kassel uma viagem cultural que durou cem dias, um *roadmovie* chamado Documenta 12, com buracos, curvas fechadas e um ou outro abismo obscuro à beira da estrada. "Talvez seja como a volta para casa de Ferran Adrià", sugeriu Roger M. Buergel, o curador da Documenta, antes da abertura da exposição. "O restaurante de Adrià fica retirado. No final da noite, comemos uma refeição maravilhosa, bebemos um pouco a mais e temos que voltar dirigindo por uma estrada tortuosa, sem saber se chegaremos inteiros em casa." A expectativa é grande sobre que artistas irão participar da exposição mais importante de arte contemporânea, até porque o evento só acontece a cada cinco anos e a maioria dos nomes é mantida em sigilo enquanto isso é possível.

O diretor abriu uma exceção para a Documenta de 2007. Quinze meses antes da abertura da exposição, Buergel apresentou dois convidados, o primeiro e o último da lista em ordem alfabética: Ferran Adrià e Artur Zmjewski. O último é um polonês que dirige um coro de surdos e que chamou pouca atenção. Já Adrià, pelo fato de um cozinheiro ter sido considerado um "artista", causou um "grande impacto no mundo das artes" e debates acalorados no jornal *Frankfurter Allgemeine Zeitung* (um dos principais da Alemanha). "Convidei Adrià porque ele conseguiu criar o seu próprio método, que se converteu em algo muito influente na cena internacional", assim Buergel justificou sua escolha. "Isso é o que interessa para mim, e não se as pessoas consideram isso arte ou não." Conforme a teoria de Buergel, não só os pintores ou fotógrafos têm "inteligência artística". "A culinária também pode ser considerada arte em determinadas circunstâncias. Reivindico essa postura aberta, pois também estou interessado em uma análise de posições que vá além da tradição ocidental. Na Ásia ou na África, não teria havido problema algum em convidar um cozinheiro."

Roger M. Buergel gosta de fazer as coisas de maneira bem diferente do que outras pessoas. Durante uma coletiva de imprensa antes da Documenta, ele não se sentou em uma cadeira – ele se deitou. Em geral, Buergel irrita os grandes da cena artística com as suas concepções anticonvencionais: ele causou furor ao expor obras extremamente caras em espaços públicos considerados fora do usual. "Quando penduramos um Rembrandt em uma loja de departamentos, as pessoas percebem que se trata de algo especial." Ou então ele queria que a sua exposição ficasse "bonita" e pecou contra as leis da linguagem do mundo das artes. "Bonita? Na arte, como na culinária, é uma questão de relação", Buergel explica assim a sua linha de ação. "Ninguém gosta de comer sal, mas precisamos de um pouco de sal para ter sabor – esse sal são as obras anti-estéticas." Certa vez, a revista *Monopol* o classificou com perspicácia como o "bigodudo mais carismático do mundo das artes".

Ferran Adrià ficou eletrizado ao receber em 2006 o convite de Buergel para participar da Documenta de Kassel. O curador e Adrià haviam se conhecido rapidamente em 1983, em Barcelona, na época em que Buergel trabalhara no MACBA, o Museu de Arte Moderna de Barcelona. Com esse convite, Adrià conseguiu tudo o que se pode obter em nível de alta gastronomia. Ele tem três estrelas (três estrelas é o máximo que o

Michelin concede), o movimento no El Bulli não dá trégua, e ele foi escolhido como o melhor cozinheiro do mundo. E agora ainda acontece o reconhecimento pelo mundo dos artistas ou, ao menos, o confronto com eles.

A grande dúvida era como e o que Adrià iria expor. Mais de um ano antes do evento, ele e sua equipe se enfiaram nos livros, rastrearam na internet, quebraram a cabeça. Dias de trabalho árduo e longas noites no El Bulli precederam a visita de Buergel a Roses.

Ferran Adrià é uma cabeça privilegiada. Além disso, é dotado de uma "inteligência artística", mas enquanto Buergel ainda estudava na Faculdade de Artes e Economia, Adrià já labutava quinze horas por dia como chef de cozinha em um restaurante de uma estrela. Adrià estava consciente do quão pouco sabia sobre o mundo da arte e dos museus. É surpreendente como esses dois homens descobriram muitos pontos em comum nas suas trajetórias. Os dois não têm a qualificação formal exigida para ocupar os seus postos: antes de ser convidado para ser o curador da Documenta, Buergel não foi diretor de nenhum museu importante e não tinha nenhuma experiência com grandes exposições, e Adrià não havia trabalhado como aprendiz de chef. De repente, a questão sobre a obra de arte que Adrià deveria apresentar se tornou obsoleta. Buergel achava que Adrià não deveria, de maneira alguma, *provar* que é um artista (os outros também não fazem isso). Ele simplesmente deveria fazer o que quisesse de uma maneira convincente. Buergel conhecia o mundo de Adrià. Agora, o cozinheiro poderia dar uma olhada no mundo de Buergel: uma obra de arte não deve se limitar à mera ilustração de uma placa explicativa, motivo pelo qual os visitantes da sua exposição deveriam percorrer todos os pavilhões e parar de "querer entender" a obra (eles só precisam ter claro o que acham da obra). No mundo de Buergel, o interesse pela arte vem com o exercício, como quando nadamos: "Primeiro é fácil, então requer mais esforço e, a partir de um certo momento, nadamos como se estivéssemos dopados". Então podemos tirar as pessoas do estado de perplexidade no sentido de "assumir responsabilidade para si e para os outros". A partir desse momento, tudo flui mais facilmente, "como no sexo".

Buergel, que coordena a Documenta junto com sua esposa, se considera antes de tudo um professor, um comunicador da arte contemporânea e, às vezes, até mesmo um psicanalista. "Ouço os pedidos das pessoas, mas no final não lhes dou o que elas exigem, e sim aquilo que elas realmente querem." Talvez por esse mesmo motivo a sua fama de rejeitar a indústria cultural seja forte. Quando interrogado sobre que concepção de arte estaria por trás do convite feito a Adrià, a resposta de Buergel foi a seguinte: "Nenhuma. Acho que sobrevivo sem uma concepção de arte porque confio no que denomino de inteligência artística, o que é, aos meus olhos, completamente independente da mídia. Estou interessado em uma representação de criatividade que vá além dos padrões modernos ocidentais, que não conheça a divisão entre arte autônoma e arte aplicada e que possa também ignorar as divisões usuais entre os gêneros". Com essa concepção de arte na cabeça, Buergel viajou pelo mundo com a sua esposa para encontrar o que não procuravam.

O que lhe interessa na culinária de Adrià em primeiro lugar não é o sabor, mas a crise pela qual a pessoa passa quando não consegue identificar imediatamente o que foi posto no seu prato. O artístico não está relacionado com a aparência do prato, geralmente esse aspecto é valorizado demais na arte. "Não acho que haja diferentes tipos de artistas, assim como também não acredito que existam diferentes tipos de pessoas boas. Existem pessoas boas e existem pessoas más, e acho que a situação é bem semelhante no caso de cozinheiros e artistas."

Ele não quer que as pessoas falem demais, mas que confiem na arte.

No caso especial de Adrià, isso significava convidar o cozinheiro mais influente do mundo para participar da mostra de arte mais importante do mundo. Uma retrospectiva do cozinheiro de vanguarda só poderia ser vista por duzentos dos setecentos mil visitantes aguardados na Documenta. "O usual acaso" foi o critério norteador de Buergel na escolha dos poucos felizardos que durante os cem dias da Documenta voaram em grupos de dois para a Costa Brava e puderam experienciar a obra completa do El Bulli. Em vez de transferir a cozinha de Adrià para Kassel, uma parte da Documenta foi transferida para a cozinha de Adrià. Desse modo, a Documenta 12 teve uma filial em Roses.

Tanto faz se as pessoas criticaram ou não essa decisão: é certo que os dois conseguiram fazer com que Adrià ocupasse o centro das discussões sem estar participando ativamente como artista em Kassel.

Buergel e Adrià concordaram que o El Bulli só era possível no El Bulli e que Adrià teria mais a perder do que a ganhar mesmo com uma boa apresentação, representação ou *performance*. Sabendo que os críticos iriam atacar cada declaração, ambos contra-atacaram ao justificar a filial da Documenta: "Ninguém que esteja bem da cabeça pode achar que é possível transferir para Kassel um restaurante como o El Bulli, que trabalha de forma tão complicada como um neurocirurgião", declarou Buergel. "O El Bulli é o museu, e não me refiro à comida no prato, mas a toda a experiência: fazer reserva, aguardar a data, subir no avião, percorrer de carro a longa estrada de chão batido – e então chegar à nossa baía e comer trinta pratos. Isso é a minha obra", afirmou Adrià.

Se ele não puder cozinhar no El Bulli, lhe falta o palco, da mesma forma que para um cantor de ópera ou um ator de teatro. "Preciso deste local de reflexão, onde a cozinha é confrontada com a nossa relação com a natureza, com a nossa infância e com o proibido."

Adrià, Juli Soler e Josep Maria Pinto (que escreve os livros do El Bulli) estiveram durante dois dias na Documenta – não como artistas performáticos, mas quase como porta-vozes da nova filial externa da Documenta (e obviamente como turistas interessados em arte). E Adrià contou que o mundo das artes queria monopolizá-lo, mais do que ele gostaria: antes da exposição em Kassel, ele recebeu trinta convites para exposições e cento e cinqüenta artistas o convidaram para um trabalho conjunto. Contudo, ele recusou com simpatia, "embora a alta gastronomia mereça o reconhecimento do mundo das artes". No entanto, quanto à pergunta se a sua arte culinária seria muito mais acessível para amadores do que a arte contemporânea em geral, Adrià não tem tanta certeza assim: "Os visitantes da Documenta que vêm ao El Bulli precisam estar preparados para transgredir comigo as fronteiras da arte". O primeiro felizardo da Documenta relatou que teve uma "experiência maravilhosa". Foi Juan Davila, um artista chileno que estava expondo seus quadros lá.

Arte é uma palavra forte, de todo modo totalmente desconhecida pelo jovem Adrià. Somente em 1993 ele fez a sua primeira "viagem ao design", como ele diz. "Mandamos cavar a cozinha do El Bulli nas pedras, ela deveria ser algo único." Ele ficou fascinado com o contato com arquitetos e designers, com espaço e estrutura. Estudou a disciplina, nova para ele, e logo encontrou o seu arquiteto preferido: Mies van der Rohe, autor do projeto do pavilhão alemão da exposição mundial de 1929, em Barcelona, que foi posto abaixo um ano depois e reconstruído em 1959 conforme a planta original. O motivo pelo qual muitos cozinheiros de primeira linha se interessam por arquitetura, design ou escultura é bem compreensível: nesse universo, se lida com forma, estrutura e construção. O design e a arquitetura têm algo que falta aos pratos de culinária: a forma permanente. Quando Adrià ganhou o Prêmio Lucky Strike de design, em 2006, ele não se sentiu um peixe totalmente fora d'água. Antes dele, estrelas internacionais como Karl Lagerfeld e Philippe Starck haviam recebido o prêmio. Robert M. Buergel proferiu o elogio que resume, com a força da palavra, a culinária vanguardista de Adrià:

"A inteligência artística se comporta de forma anticonvencional. Não conhecemos os caminhos que ela percorre e é impossível prevê-los. Na melhor das hipóteses, do ponto de vista histórico e de forma retrospectiva, podemos esclarecer por que algo teve que ser assim e por que não se fez outra escolha. Não deu para preparar 'mariscos com cabeça de gado' ou 'fava de feijão com caramelo'. Em contrapartida, se serviu 'morangos grelhados com ar de leite de cabra e aceto balsâmico de Modena' e '*sorbet* de limão com óleo congelado'. Adrià não é nenhum excêntrico, como a mídia freqüentemente gosta de apresentá-lo. Ele não é um maluco cujo objetivo seja provocar cócegas, custe o que custar, no paladar de clientes possivelmente antiquados por meio de criações extravagantes. O preço que Adrià cobra é real. Ele usa o termo "democrático", e além disso há muito tempo colabora com redes de supermercado e faz experiências com fast-food. O acesso ao restaurante é limitado, mas essa limitação é muito particular e mais arbitrária do que o mero e vulgar poder de compra. As transgressões que sem dúvida vivenciamos no El Bulli não são fruto de mero capricho, mas resultado de uma séria e incondicional análise de produtos, de processos de preparo, de possibilidades de combinação e também do próprio desenvolvimento, da própria formação de Adrià como cozinheiro. Coloquemos da seguinte maneira: Adrià domina o seu material, e o material o domina. Ele é talentoso, confiante, mas principalmente sabe manter viva a própria inspiração.

"Adrià não trabalha com um restaurante comum, não tem a intenção de lotar o restaurante, não diversifica, mas investe tudo em uma fórmula – fórmula essa que une a comida e a vida. O meio da arte é a sociedade; e essa sociedade é que desenvolve o El Bulli. Não estamos falando somente dos clientes, mas também da grande equipe, do grupo de pesquisadores que tem o privilégio de experimentar as criações, mas que depois também tem que orientar os clientes.

"O El Bulli [...] é a apresentação, é a encenação completamente despretensiosa de um trabalho de pesquisa. [...] Como podemos descrever a mencionada nova dimensão? Quais são os seus parâmetros? A resposta não é muito simples. Não porque faltem descrições. Descrições, aliás, que Adrià fornece nos seus maravilhosos livros de culinária. Ele não guarda nenhum segredo sobre sua maravilhosa culinária. Não, é difícil descrever essa dimensão porque ela nos deixa sem palavras exatamente no momento em que se torna interessante. Sem palavras não porque estamos de boca cheia, mas porque a evidência fornecida pelos sentidos, que nos proporciona certas desconstruções e reconstruções, se por um lado de fato faz sentido, por outro lado é totalmente irrelevante.

"Falar de transgressão de fronteiras na arte só em parte é correto. Não se trata apenas de provar algo que vemos e ouvimos, mas não conhecemos. Isso é trivial, não dói e tampouco nos força a mudar. Não, a fronteira, a verdadeira fronteira, está lá onde o material toca o imaterial, naqueles momentos de alto virtuosismo em que o homem como animal que vivencia experiências fica por um lado dividido, mas por outro é um só. Nesse ponto, tudo se torna muito pessoal, a experiência passa a ser bastante íntima, e Adrià tampouco tem medo, por exemplo, de colocar nos pratos sabores da infância, aromas que evocam lembranças da infância. A experiência pode ser também bastante impessoal: nós nos diluímos ou, ao menos, a nossa integridade é corroída e vagarosamente subvertida. Aprendemos algo sobre nós mesmos quando colocamos na boca uma azeitona redonda e macia, peculiar. Nunca havíamos sentido nada igual. A azeitona não tem polpa, ela não tem nem mesmo caroço.

"Essa azeitona é primeiramente a idéia de uma azeitona. Se não fosse ao mesmo tempo obscenamente carnuda, seria apenas redonda como uma pequena bola. Mas ela não é carnuda no sentido de carne, mas no sentido de matéria. Matéria impregnada de óleo, temperos, alecrim, tomilho e alho, ou melhor, matéria cheia dessas substâncias. Na verdade, passamos por uma experiência completa quando finalmente decidimos morder a coisa e o interior da azeitona se desmancha contra o céu da boca."

O burburinho na mídia foi grande após o recebimento do mais alto prêmio do design, mas depois de ser convidado a participar da Documenta (assim como Picasso e Kandinsky, as estrelas da primeira edição da mostra, em 1955) Ferran Adrià foi muito assediado por revistas especializadas e durante semanas não fez outra coisa a não ser conceder entrevistas. O destaque de praticamente qualquer artigo antes da Documenta era a discussão em torno da estranha pergunta: cozinhar é arte? (já se parte de uma suposição equivocada ao fazer essa pergunta, pois ninguém havia afirmado que todos os cozinheiros são artistas). Em virtude disso, já antes do maior evento de arte contemporânea Adrià era um ícone da Documenta aos olhos da mídia. Para alguns, ele é a encarnação da arbitrariedade da arte atual; para outros, um raio de luz na selva da arte contemporânea.

Achar o equilíbrio entre orgulho e – como cozinheiro que não é do ramo – humildade não é uma empreitada fácil. "Não posso proibir o mundo das artes de ver algo de artístico na minha cozinha", declarou Adrià inúmeras vezes aos jornalistas, que tudo anotavam comportadamente. Ou então ele respondia com a pergunta: "O que é arte? Esse debate existe há séculos, e até hoje há duas respostas: arte é o que o mundo das artes decide. E também: arte é o que o indivíduo decide". Após esse convite, as entrevistas se tornaram bastante complicadas, conta Adrià. Por exemplo, quando ele afirma que com o seu trabalho quer fazer as pessoas felizes, isso não é muito bem recebido, pois essa possibilidade não existe como categoria no mundo das artes (no máximo, ela existe para colecionadores de arte). "Talvez a culinária realmente possa ter algo de artístico, mas isso não sou eu que decido e tampouco significa que eu tenha o direito de afirmar: 'Sou um artista'. Eu também não quero que um artista afirme que é cozinheiro." Lá estava Adrià, o comunicador, em ação.

A questão sobre o que é ou não é arte continua sendo altamente complicada e difícil de se discutir com o grande público. Porém, qualquer um acha que sabe o que é ou não é *cozinhar* (uma sorte para Buergel e também um dos motivos por que ele convidou Adrià), diferentemente do que acontece em relação às obras dos outros 95 artistas da Documenta, por meio das quais ressurge mais uma vez a parede que separa o mundo das artes do grande público: o chinês Ai Wai Wai, por exemplo, trouxe 1.001 chineses para Kassel com dinheiro de patrocinadores; a artista croata Sanja Ivekovic plantou uma horta de cenouras no centro de uma praça em Kassel, a *Friedrichsplatz*, e o polonês Artur Zmijewski dirigiu um coro de surdos. Isso é arte? É evidente que isso *pode* ser arte. Somente aqueles que acompanham a trajetória do artista podem entender a que tradição ele se refere, o que ele quer expressar e – por que não? – como ele conquistou os poderosos do mundo das artes. Isso requer receptividade, apreciação da matéria e seriedade – não se podem esperar respostas fáceis. O mesmo ocorre com a culinária de Ferran Adrià. Por que declará-lo publicamente como um não-artista antes de ele ter os mesmos direitos à receptividade, à apreciação da matéria e à seriedade dispensados aos outros artistas contemporâneos? Não se trata de *um* cozinheiro que foi convidado na condição de artista. Estamos falando de um cozinheiro especial específico e de como ele – possivelmente na condição isolada de artista – reinventou a culinária, juntamente com um tipo de análise direcionada inexistente até aquele momento.

No entanto, o próprio Adrià não se ilude. "Meus colaboradores e eu sabemos o quão revolucionários fomos nos últimos anos. Mas será que alguém em Kassel pode entender ou apreciar que caminhos percorremos?" O convite valeu a pena para Adrià, independentemente do hermético universo da arte. "O debate público sobre esse convite ainda poderia se revelar um golpe de sorte para a alta gastronomia. Pois, independente de como essa questão será respondida, os outros chefs serão obrigados a refletir sobre o que fariam no meu lugar. Além disso, eles vão perceber que temos de documentar o nosso trabalho. Ninguém antes de nós fez isso dessa maneira. Em 1999, analisamos os nossos pratos pela primeira vez: como os criamos, em que idéia eles se baseiam, quais os seus antecedentes? O que queremos atingir, como podemos registrar os pratos de forma sistemática? Claro que eu gostaria que a alta gastronomia finalmente fosse estudada sob a perspectiva da história da arte", declara Adrià de maneira excepcionalmente exigente, dirigindo-se aos seus colegas. Um desejo que ele justifica detalhadamente pela primeira vez no posfácio deste livro.

De qualquer maneira, ele não tem nenhum complexo em relação a Kassel. "O original é o prato, e esse não vai sair do restaurante El Bulli. E quem não o conhece não pode julgar o nosso trabalho." Em um tom um pouco melancólico, ele ainda acrescenta: "O meu ego criativo ficou totalmente satisfeito com o convite para a Documenta. Aos 44 anos, consegui mil vezes mais do que jamais sonhei. Talvez o El Bulli fique fechado em 2008 para que eu possa organizar tudo".*

* O restaurante funcionou normalmente, de abril a outubro. (N.E.)

Posfácio

Reflexões oportunas sobre a vanguarda de ontem e de amanhã

Ferran Adrià

Uma pesquisa rápida na internet ou nas estantes de livrarias demonstra que existe uma enorme quantidade de livros sobre gastronomia: coletâneas de receitas, obras sobre comidas específicas (massas, saladas...), livros sobre culinárias regionais e nacionais, receitas de chefs de cozinha famosos e até obras de referência sobre técnicas para fanáticos pela culinária. Tendo em vista essa grande oferta de tipos específicos de leitura (com exceção de alguns títulos dignos de nota), mais surpreendente se torna o fato de amantes da culinária, chefs de cozinha e gourmets dificilmente encontrarem obras que expliquem as conexões entre fatos, em vez de simplesmente agrupá-los, seja o currículo de um cozinheiro isolado, a alma de uma corrente de pensamento ou o contexto de uma época.

Talvez possa esclarecer essa falta de análise sob uma perspectiva humanística o fato de que alguém falar de uma "cozinha de vanguarda" era considerado arrogante até há alguns anos. Era o mesmo que encarar a culinária como "expressão cultural" ou como algo "artístico" (um adjetivo que pode gerar grandes polêmicas). Mesmo no caso de uma alta gastronomia como a francesa, considerada de vanguarda já há um século, não existem até hoje critérios objetivos de comparação.

É só olharmos para a maneira como um livro de culinária típico é apresentado. Geralmente ele está organizado por grupos de receitas (por exemplo entradas, pratos com peixe, pratos com carne, sobremesas) ou então dividido de acordo com os ingredientes. Porém, dificilmente se encontra uma disposição cronológica das receitas. Um dos principais motivos para a difícil empreitada de se pesquisar a arte culinária é o fato de que as receitas, a sua preparação e as técnicas utilizadas não têm registro de data.

Este livro de Manfred Weber-Lamberdière deve ajudar a lançar uma nova luz sobre a alta gastronomia e contribuir para que encontrar tais critérios de comparação para a alta gastronomia seja futuramente visto como normal e inclusive necessário. Mesmo porque nas últimas duas ou três décadas poucas áreas criativas tiveram um desenvolvimento semelhante ao da alta gastronomia.

Independentemente de como a alta gastronomia venha a ser analisada no futuro, tudo começou nos anos 60 com o surgimento da nouvelle cuisine. A partir desse movimento, novos ventos surgiram no horizonte da alta gastronomia, que havia sofrido amargamente com as vicissitudes e as turbulências da história do século XX. A Segunda Guerra Mundial levara à ruína uma grande parte dos donos de hotéis e restaurantes. Até mesmo a publicação do guia Michelin ficou suspensa até 1951.

Somente nos anos 50 a gastronomia começou a se recuperar – lentamente, em um mundo que, tanto do ponto de vista sociopolítico como tecnológico, havia mudado muito. Nessa época, iniciaram as suas carreiras alguns cozinheiros que mais tarde viriam a fazer história na gastronomia: Paul Bocuse, Jean e Pierre Troisgros, Louis Outhier e Jean Delaveyne. Herdeiros da alta gastronomia pré-Segunda Guerra, eles logo se puseram a renovar o seu legado. No final dos anos 60 e no começo dos anos 70, eles provocaram, junto com jovens cozinheiros, aquilo que foi a última revolução da alta gastronomia: a nouvelle cuisine.

Não foi por acaso que essa revolução gastronômica provocada por Michel Guérard, Alain Chapel, Alain Senderens e Roger Vérges coincidiu com as inquietações sociais de maio de 1968. O mais importante é que a nouvelle cuisine deu aos cozinheiros uma oportunidade totalmente nova. Eles podiam desenvolver o seu próprio estilo, o que os historiadores franceses Jean-Pierre Poulain e Edmond Neirinck permitiram que Paul Bocuse expressasse no livro deles da seguinte maneira: "Muito tem sido escrito sobre a cozinha que desde os anos 70 é chamada de 'nouvelle'. Em minhas viagens ao exterior tive oportunidade de explicar o que era assim tão novo. Na verdade, tratava-se de uma cozinha genuína, no sentido de que os ingredientes deveriam ser de alta qualidade e de que o sabor autêntico era potencializado. Isso levou automaticamente a uma simplificação: a preparação se tornou mais fácil e o tempo de cozimento, menor".

O conceito "nouvelle cuisine", inventado em 1973 pelos críticos de gastronomia Henri Gault e Christian Millau, se estabeleceu. Em geral, ele se refere a toda a alta gastronomia que se desenvolveu a partir das experiências dos criadores citados anteriormente e também daquelas da geração seguinte, que adotou os "dogmas" da nouvelle cuisine. Esses dogmas podem ser resumidos da seguinte maneira: rejeição de refeições consideradas de difícil digestão devido a um alto conteúdo de gordura; utilização de sabores naturais e produtos da estação; harmonia e leveza no preparo; simplificação de técnicas de cozimento na medida em que se escolhe aquela que melhor preserve o sabor autêntico do alimento. Isso é decisivo para compreender a expansão da arte culinária na segunda metade do século XX. Nas palavras de Edmond Neirincks e Jean-Pierre Poulains: "Até 1970, a única possibilidade que um chef de cozinha tinha de colocar o seu talento à prova era reproduzindo os pratos que os seus antecessores haviam criado nos anos dourados da arte culinária. (...) Se pudéssemos estabelecer um paralelo com a música, então os cozinheiros do século XX se encontrariam em uma posição um pouco semelhante à de um músico moderno que não pode compor e não tem outra possibilidade de desenvolvimento do seu virtuosismo além de interpretar com o maior talento possível as obras de Bach ou Beethoven, sem criar nada de novo. Qualquer inovação seria encarada como uma degradação da obra original perfeita, ou como arrogância".

Nos anos 70, os inventores refinaram as suas criações e ampliaram os padrões da nouvelle cuisine. Outros jovens chefs, como Joël Robuchon e Freddy Girardet, aderiram a esse movimento e fizeram da perfeição um norteador de estilo, enquanto Jacques Maximin foi considerado o pioneiro da criatividade conceitual. Com o apoio da revista *Gault Millau*, logo se seguiram Michel Bras, Pierre Gagnaire, Marc Veyrat e Olivier Roellinger. Alain Ducasse, um dos cozinheiros mais talentosos das últimas décadas, que conseguiu entrar para o primeiro time graças à sua culinária mediterrânea influenciada pelo classicismo e pela escola de Alain Chapel e Michel Guérard, merece uma menção especial.

A lista dos grandes restaurantes franceses dos anos 80 e 90 é comprida. Cabe citar Georges Blanc, Marc Meneau, Bernard Loiseau, Paul e Marc Haeberlin, Raumond Thulier ou Charles Barrier. Não demorou até que chefs de cozinha de toda a Europa se inspirassem neles. Juan Mari Arzak na Espanha, Gualtiero Marchesi na Itália, os irmãos franceses Albert e Michel Roux na Inglaterra, Eckart Witzigmann na Alemanha e Pierre Wynants na Bélgica. Todos eles administram restaurantes que mereceram as três estrelas do Michelin porque conseguiram adaptar os novos preceitos da culinária ao gosto dos clientes de onde atuam. Em muitos casos, eles também abriram caminho para as novas gerações, que hoje estão no auge das suas carreiras.

Na Espanha, por exemplo, além do Arzak, há outros cinco restaurantes três estrelas, como o Akelare, de Pedro Subijana (um veterano da arte culinária que foi o último a receber essa distinção), e os restaurantes de quatro jovens chefs de cozinha: além do El Bulli, que foi o terceiro a receber três estrelas na Espanha, em 1997, cabe citar o Can Fabes, de Santi Santamaría, o Sant Pau, de Carme Ruscalleda, e o Martín Berasategui, sob a direção do cozinheiro basco de mesmo nome. Entretanto, a influência da nouvelle cuisine não ficou restrita à Europa. A disseminação de valores qualitativos da arte culinária de outros continentes é considerada hoje como um enriquecimento, embora conceitos como mistura e fusão talvez ocultem o que a história da gastronomia ocidental, a adaptação de diversas influências de uma mesma origem realmente significam. Nos Estados Unidos, temos Charlie Trotter e Thomas Keller, enquanto uma das maiores inovações vem da Austrália, onde o japonês Tetsuya Wakuda conseguiu realizar a reunião única de diferentes influências que o tornou um dos grandes da culinária gourmet atual. Entretanto, há uma nova geração no mundo da arte culinária cujos representantes não só prometem muito como também já estão consagrados. Os seus maiores representantes são os espanhóis Joan Roca, Andoni Adúriz e Quique Dacosta, o inglês Heston Blumenthal, o italiano Massimiliano Alajmo e os norte-americanos Homaro Cantu e Grant Achatz.

Se quisermos falar com seriedade sobre a arte culinária atual, não podemos escapar da seguinte pergunta: no que exatamente consiste a vanguarda espanhola que desde a metade dos anos 90 influencia a culinária em todo o mundo? Será que ela é a última evolução da nouvelle cuisine ou a primeira revolução depois da nouvelle cuisine? É bem provável que não se possa responder a essa pergunta agora e que somente uma retrospectiva histórica venha a permitir afirmações claras sobre essas questões-chave. Não existe até o momento nenhuma tradição de sistematização ou de se relacionar diferentes correntes de estilo, com exceção talvez da obra *Le Guide culinaire*, de Auguste Escoffier, e, até certo ponto, da própria nouvelle cuisine. Essa carência de estudos sobre a alta gastronomia das últimas décadas gera uma confusão sobre os dados de cada período, mas também quanto à terminologia.

Já há alguns anos não é raro lermos que a nouvelle cuisine está morta. Ainda hoje há quem questione a qualidade dos seus cozinheiros. Entretanto, se os críticos examinarem a culinária contemporânea a fundo, deve chamar a atenção deles que os cozinheiros, em sua maioria, são herdeiros desse estilo. Em outras palavras, o número de restaurantes de hoje que se inspiraram nos primórdios da nouvelle cuisine ultrapassa em muito o daqueles que seguem o padrão da alta gastronomia francesa na tradição de Auguste Escoffier. Isso não quer dizer que a existência de uma cozinha clássica não tenha mais importância, e tampouco os chefs da nouvelle cuisine negam a existência dela – pelo menos não enquanto puderem adaptar os seus novos preceitos a essa cozinha. Contudo, justamente hoje (por que não?) seria possível ousar fazer uma compilação viva e livre de cada estilo, levando em consideração todas as opiniões controvertidas.

Os primeiros representantes da nouvelle cuisine (Guérard, Troisgros, Chapel etc.) seriam os autores de um estilo pessoal e de fácil identificação. Outras tendências e estilos poderiam seguir o rastro deles: o conceitualismo de Maximin, o naturalismo de Bras, o perfeccionismo de Robuchon e de Girardet, o estilo de Gagnaire, de liberdade absoluta, o toque mediterrâneo de Vergé e, mais tarde, de Ducasse... Cada um deles com as suas ramificações, seguidores e correntes de estilo. Esse primeiro esboço poderia continuar sendo desenvolvido para que se desenhasse uma verdadeira árvore representando as tendências e estilos que se originaram da nouvelle cuisine.

Na verdade, é uma novidade que a liberdade criativa possibilite ao cozinheiro alcançar a felicidade. O seu bem-estar chega a ocupar o mesmo lugar que o bem-estar do cliente, graças a uma internalização da criatividade que também pode se manifestar como provocação ou uma tentativa de fazer o cliente pensar. Essa profunda mudança na motivação, nas expectativas dos cozinheiros é certamente comparável a mudanças radicais na história da arte, especialmente na história da vanguarda da arte contemporânea do século XX. O brilhantismo de um cozinheiro aparece se as suas inovações marcam uma transição harmoniosa, se ele consegue traçar com inteligência os limites entre o que faz sentido sob uma perspectiva culinária e o puro espetáculo – até porque um restaurante é uma empresa cuja sobrevivência depende do reconhecimento dos clientes. Com o desenvolvimento rápido pelo qual a vanguarda culinária e as suas muitas tendências têm passado, os chefs de cozinha deveriam investir o seu talento principalmente na manutenção do que hoje em dia, felizmente, é considerado o pilar da alta gastronomia digna desse nome: sensibilidade, inspiração e, principalmente, um grande respeito ao paladar.

Bibliografia

ADRIÀ, Albert. *Los postres de El Bulli.* Barcelona: Península, 1998

ADRIÀ, Ferran. *Los secretos de El Bulli.* Barcelona: Altaya, 1999.

ADRIÀ, Ferran; SOLER, Juli; ADRIÀ, Albert. *El Bulli 1983-1993.* Barcelona: RBA, 2005.

____. *El Bulli 1994-1997.* Barcelona: RBA, 2005.

____. *El Bulli 1998-2002.* Barcelona: RBA, 2004.

____. *El Bulli 2003-2004.* Barcelona: RBA, 2006.

____. *El Bulli 2005.* Barcelona: RBA, 2006.

ADRIÀ, Ferran; ARZAK, Juan Mari. *Celebrar el milenio con Arzak y Adrià 2000-2001.* Madri: Península, 2000.

BOCUSE, Paul (em colaboração com Eve Zizza-Lalu e Alain Vavro). *Le feu sacré.* Issy-Les-Moulineaux: Glénat, 2005.

BOUGUEREAU, Jean-Mercel. *Et si c'était bon?* Paris: Chiflet&Cie, 2006.

BOURDAIN, Anthony. *Decoding Ferran Adrià* (DVD-ROM). Nova York: Ecco, 2006.

CABALLERO, Oscar. *Texto y Pretexto a Texturas: El Bulli, Soler y Adrià en su Contexto.* Madri: S.P.A., 2004.

CHAPEL, Alain. *La Cuisine, c'est beaucoup plus que des recettes.* Paris: Robert Laffont, 1999.

CHELMINSKI, Rudolph. *The Perfectionist. Life and Death in Haute Cuisine.* Nova York: Gotham Books, 2006.

ESCOFFIER, Auguste. *Le Guide culinaire.* Paris: Flammarion, 2001.

FISCHLER, Claude. *L'Homnivore.* Paris: Odile Jacob, 1983.

GAULT, Henri; MILLAU, Christian. *Gault et Millau se mettent à table.* Paris: Stock, 1976.

GAULT, Henri; MILLAU, Christian. "Vive la nouvelle cuisine française". In: *Gault et Millau Magazine,* 1º de outubro de 1973.

GÖTZE, Karl Heinz. *Les chefs. Die grossen französischen Köche des 20. Jahrhunderts.* Frankfurt: S. Fischer, 1999.

GUÉRARD, Michel. *La Grande cuisine minceur.* Paris: Robert Laffont, 1976.

LAZAREFF, Alexandre. *L'exception culinaire française. Un patrimoine gastronomique en péril?* Paris: Odile Jacob, 1998.

LUBOW, Arthur. "The Nueva Nouvelle Cuisine. A Laboratory of Taste". In: *New York Times Magazine,* 10 de agosto de 2003.

MESPLÈDE, Jean-François. *Trois étoiles au Michelin: une histoire de la haute gastronomie française et européene.* Paris: Gründ, 2006.

Michelin. *Guide Michelin France 2006.* München: Travel House Media, 2006.

Michelin. *Guide Michelin Deutschland 2007.* München: Travel House Media, 2007.

MORTEAU, Olivier (pseudônimo). *Food business. La face cachée de la gastronomie française.* Paris: First, 2004.

NORMAND, Jean-Michel. "Une saveur d'avance". In: *Le Monde,* 28 de maio de 2004.

ONFRAY, Michel. *La raison gourmande.* Paris: Grasset, 1995.

PATERNITI, Michael. "Ferran Adrià". In: *Esquire,* julho de 2001.

PITTE, Jean-Robert. *Gastronomie française. Histoire et géographie d'une passion.* Paris: Fayard, 1991.

REVEL, Jean-François. *Un festin en paroles. Un festin littéraire de la sensibilité gastronomique de l'Antiquité à nos jours.* Paris: Fayard, 1991.

RITZ, Marie Louise Beck. *César Ritz, Host to the world.* Filadélfia: Lippincott Company, 1938.

SIMON, François. "Adrià et Guérard. Le choc des étoiles". In: *Le Figaro*, 3 de fevereiro de 2002.

THIS, Hervé. *La Cuisine, c'est de l'amour, de l'art, de la technique*. Paris: Odile Jacob, 2006.

____. *Traité élémentaire de cuisine*. Paris: Belin, 2002.

TRUBEK, Amy B. *Cuisine: How the French invented the Culinary Profession*. Filadélfia: University of Pennsylvania Press, 2000.

Agradecimento

A meus filhos Dario e Louis (viram o seu papai menos do que seria razoável), a Josep Maria Pinto (por sua habilidade diplomática) e a Ferran Adrià (e não só pelo detalhado posfácio).